U0111695

大展好書　好書大展
品嘗好書　冠群可期

氣合、氣與力合、手與足合、肘與膝合、肩與胯合，來達到全身的協調統一。

這六合的鍛鍊，充分體現了心意太極拳均衡陰陽、疏通經絡、調和氣血、防病治病的重要作用。

氣，在宇宙中是川流不息的。經由皮膚，人可以將外氣導引進體內，也可以將內氣引向體外，這就是心意太極拳「以意領氣，外氣內納，內氣外發」的作用。練習心意太極拳的人能將天體大宇宙和人體小宇宙連接起來，這就是「天人合一」。

我們知道，人體由吸氣入內，氣機通暢，上下左右取得平衡，免疫力增強，各種疾病就會得到治療。因此，人類要想治療已有的疾病，保持身體健康就必須使體內的氣流動起來，活躍起來，並保持相對的平衡，這也就是「陰平陽秘，精神乃治」的道理。

在盤練心意太極拳時要求氣沉丹田，當練拳者進行深長均勻的呼吸時，氣在生理上有促進胰島素分泌和抑制腎上素分泌的作用，這對於防治因胰島素缺乏所引起的糖尿病和降低血壓都有治療的效果。因此，練習心意太極拳可以降糖減血壓，延長壽命。

心意太極拳是放鬆的、自然的，有很好的減壓功效。它可以由精神放鬆、肢體放鬆來達到減輕精神壓力和思想負擔，從而達到減壓的作用。特別是練習心意太極拳的貓步，摩擦了腳底穴位，所以更能起到降低血壓的作用。

練習心意太極拳的貓步時，腳的前進、後退、左右轉換，都是要求意念來引導。練習者的意念引來空氣中的清新之氣進入百會，經腦、頸、胸、腹、腿而下行至湧泉穴，並

想像體內的污濁之氣也從全身導入湧泉穴，一直被泄入地下，這樣清除了體內的瘴氣，對於治療癌症等疾患有一定的效果。

為了更好地使人體與宇宙大自然進行和諧的交流，心意太極拳的練功場地一定要選擇好，一般情況下應該在有松柏的樹林、河邊和公園等空氣較為清新的地方，這些地方的空氣中貞離子最多。空氣中的貞離子，可以使人輕鬆活潑、精神愉快，增強工作能力和記憶力，消除疲勞、減少疾病。

心意太極拳適合不同年齡段的人學習。年輕人氣血充沛，精力旺盛，是練習心意太極拳的最好時機。老年人隨著年齡的增大，肌肉、骨骼、經絡都有了很大的變化。肌肉萎縮，骨骼蛻化，肌肉、骨骼的彈性和韌性減弱，關節軟骨纖維化和骨化，活動幅度也相對減小。人的力量、彈性、興奮性和傳導性都在減弱，活動靈活性降低，行動遲緩。因此，加強心意太極拳的鍛鍊勢在必行了。透過心意太極拳的鍛鍊，人大腦皮層的興奮和抑制過程處於最佳狀態，其均衡性、靈活性都會處在最佳水平；而且，還能心平體靜，精神飽滿，氣勢磅礴，健康強壯。總之，只要持之以恆，心意太極拳的鍛鍊可以逐步調整人體機能，使人體內外平衡有序，從而達到增強健康的目的。

今天，在介紹心意太極拳的同時，也將心意養生功介紹給大家，以供愛好者研究、探討，使其更完善，更好地為人類服務，造福人類。願本書為迎接 2008 年北京奧運會作出一點微薄的貢獻，也為人類的健康盡我們的一份努力。

目　　錄

第一章　概　論

第一節　心意太極拳的由來及特點

　　中華武術，博大精深，內涵深奧，拳種眾多，心意太極拳是其中上乘的拳法之一。心意太極武術文化，是中華傳統文化的重要組成部分，是中華武術中的一朵奇葩，深受廣大人民群眾的喜愛。心意太極拳的理論源於道家、儒家、醫家、兵家的思想，最早可以追溯到遠古時代。陳鑫在《陳氏太極拳圖說》中說：「拳以太極名，古人必有以深明太極之理者……古之神聖發明太極之理者，莫如包羲氏。」所以，心意太極拳文化中包含有陰陽太極、四象八卦等的「天人合一」的內容。

　　很多人認為心意拳講究實戰搏擊，疾毒狠勇，用勁發力時剛勁較多，好像是一種「剛性」的拳術。其實，這是初學練心意拳的人還沒體悟到真正的勁法所致。心意拳講究陰陽互補、剛柔相濟、形神兼備、內外兼修，從練法一直到用法都是如此。為了使學習心意拳的人能夠經緯分明，故在其拳法系統中又分出了較鬆柔的「心意太極拳」和擰轉圈旋的「心意八卦連環拳」。它們都是心意拳系列中的一部分，是組成心意拳的重要套路之一。

這趟「心意太極拳」是在心意拳的基礎上創編的，受到道家思想的影響。因此，我們認為「心意太極拳」屬於道家拳術，它與武當山拳法一樣，與道家思想有著千絲萬縷的淵源關係。

心意太極拳是心意拳上乘功法中的一部分，拳架姿勢優美、舒展大方，動作快慢相間，拳勢剛柔相濟，勁路綿綿不斷。練起來形若行雲流水，又似抽絲撕棉，盤練周而復始，循環無窮；以身領手，以意領氣，以氣運身，身隨氣走；其式緩慢柔和，並結合動靜開合，虛實變化；採用腹式呼吸，氣沉丹田，當練到氣沉丹田時，氣又由丹田而發之四梢，內氣隨身體屈伸在丹田內升降，旋轉變化直到走遍全身，精養靈根，神靈圓活；多用纏絲勁、螺旋勁。這樣，練習此趟拳法的人周身氣血合理運轉，各個器官都能得到合理調理，練完後感到周身氣血和順，全身舒服，從而起到了均衡陰陽、剛柔互濟、調和氣血、祛病延年的保健效果。

凡是學練心意拳的人練到一定的層次以後，必須要盤練這套心意太極拳拳法和勁意，用以增強心意拳出神入化的功力。此趟拳法是心意拳從剛柔相濟的暗勁進入化勁的必修功夫，是練習心意拳「練虛入道」的階梯，是登心意拳上乘神明之境的必由之路。

第二節　心意八卦太極三拳說

心意拳創立於明末清初。山西蒲州姬隆豐（1620—1683），先是學習六合大槍，後到終南山訪友，受道士鄭

氏啟發創六合心意拳。後姬傳鄭氏，鄭氏傳馬學禮，馬學禮傳張志誠、馬三元。

張志誠傳李政，李政傳張聚，張聚傳買壯圖，買壯圖傳安大慶、袁風儀，這是心意拳一支系。

李政傳戴二閭，戴二閭傳李洛能，李洛能傳車毅齋，仍稱心意拳，是為山西戴氏心意拳一支系。

李洛能傳劉曉蘭、郭雲深、劉奇蘭、白西圓、張樹德、宋世榮、李鏡齋，是為形意拳河北一支系。

以上是心意拳和形意拳的由來。

太極拳在初發明時僅十三式，總不出掤、捋、擠、按、採、挒、肘、靠、進、退、顧、盼、定十三個動作；而十三式中實包含龍、蛇、鶴、虎、馬、雞、鷹、熊、鳳、猴十形。故太極拳實與心（形）意拳大致相同也。

太極拳傳說傳自張三豐。過了許多年，太極拳又傳到河南溫縣陳家溝陳王廷。陳氏之後略有記載。我們習慣把陳家溝的太極拳稱為「陳式太極拳」。陳王廷創拳的年代大約在 1644 年明朝滅亡以後清初 30 多年的時間裡。

楊氏太極拳是楊露禪學自陳家溝的陳長興。後楊露禪到北京發展，將太極拳帶到北京；太極拳在北京傳出後，又由楊澄甫南下傳到上海；而後又遠傳到廣州，由廣州到香港繼而傳到國外。我們現在把楊家所傳的太極拳稱為「楊式太極拳」。

武氏太極拳是武禹襄所傳，武禹襄學自陳家溝的陳青萍（一說陳清平），單獨立派。現在我們把練習武禹襄太極拳的稱為「武式太極拳」。

吳氏太極拳是由吳鑒泉所傳，吳鑒泉學自全佑，是楊

露禪之子楊班侯的再傳人。以後我們習慣將學習吳鑒泉太極拳的稱為「吳式太極拳」。

孫氏太極拳是由孫祿堂所傳，孫祿堂學自郝為真，郝為真是李亦畬的徒弟，李亦畬是武禹襄的徒弟。因此，孫祿堂所練應該是武式太極拳，然後又由孫祿堂將武式改為「孫式太極拳」的。

以上是目前國內太極拳的大概。當然，隨著時間的推移，國家加強了對傳統武術的挖掘整理，許多太極拳被介紹和推廣出來，太極拳將不斷得到豐富和發展，心意太極拳也是其中的一種。

八卦掌是清朝嘉慶年間，由河北文安縣人董海川首傳。據傳，董海川早年因流落江南九華山學到八卦掌，然後在北京傳藝（當然，關於八卦掌的歷史應該更早），八卦掌得以發揚光大，於是三派武術有機會在北京得到交流。

傳說郭雲深先生與董海川先生曾經遇於京師，兩人交手「苦戰三日，未分勝負」。當時郭雲深的形意拳已經名震南北，而自忖終覺不逮，但未見八卦之特長，終未肯屈服。其時董海川先生亦欲窺形意拳之優點，故用意比試三日。至第三日董以掌進，愈變愈廣，郭大拜服，遂互相研究數月，始知二者名雖異，其理法則一，二者固交相為用，相輔而實相成者也。當時議決，合為一門，習形意拳者以八卦掌調劑之，自無偏剛偏進之弊。習八卦掌者以形意拳輔佐之，有剛柔相濟、攻堅克銳之能。故後之習形意拳者必及八卦掌；習八卦掌者必學形意拳，即便術家名稱，亦以心意八卦連帶呼之，此形意八卦合一之由來。

足為先鋒的，但均要不貪不欠，不即不離，彼剛我柔，彼柔我剛，剛柔相濟，太極而成焉。

二、心意合一，周身六合

心意拳的宗旨是「心意合一，周身六合」，即以心意支配六合，以六合貫通心意，然後由鍛鍊，通三節，達四梢，走四象，運五行，並結合一氣，達到心意合一。

人的所視、所聽、所言、所動，都是依賴心的識能而能致知的，因此，人心要正，諸邪則不能侵犯。而且，心無妄念，則神也沒有妄動，這是人身體正常健康的表現，故「心之在位，君之位也」。中華醫學經典《黃帝內經》早就提出「心存神」「心主思」的理論，孟子也說過「心之官則思」的話。

意有虛實之分。實意又叫真意，無數真意而引潛意。潛意是人體機能在應付緊急情況下所發揮的功能。

心動意生，心正則氣正，意動則念生，意念支配人的言行舉止，這都是大家盡知的常識了。

我們再看佛學對心是怎樣認識的。佛家將意念稱為「念力」或者「心力」，他們認為意念可以轉化為力，念力有運動目的並能夠對其發生作用，因此，「心」這個大自然宇宙中神秘的產物，在修行中「能喚發出不可思議」的智慧。佛家也承認「心力」的作用，而且認為「心力」的作用是巨大的。現代人已證明「心力」是超光子，是微波。這說明，同樣是高知和高賢們，不管他們是中國人還是外國人，他們對心的認知是相同的、一致的。

古人云：「心者，生之本，神之變也。」而佛家則認

為：「萬有始於心。」現代科學認為「心」與「意」都是指人的精神活動，人的精神活動則是大腦的功能，所以心意拳的鍛鍊，是以意念為主導，以心意支配六合，以六合貫穿心意。按照這個原則，人們對精神活動的自我鍛鍊，也就是對神經系統的高級部位大腦皮層功能的鍛鍊。

心意拳鍛鍊時要求「心與意合，意與氣合，氣與力合」即內三合，「手與足合，肘與膝合，肩與胯合」即外三合，對肢體而言，是內外結合的鍛鍊。人的大腦是在主導的「君主」位置，它能主宰全身的機能活動。心意是大腦的功能，是客觀世界在大腦的反映。按照一定的科學方法來鍛鍊，能改善和加強人體的生理機能，以求達到保健強身和防治疾病的目的。而心意拳的「十大真形」是以動物的行為和活動方式來假借和想像，吸取其尋食、捕捉、奔馳、搏擊的活動特徵，將其靈性融合於拳法之中，以激發、調動出練功人的潛能，鍛鍊人的精神、思維，從而使其產生極其靈敏的反應，再結合拳法的要求加以規範，使之成為整體來鍛鍊人體，以達到「心到意到，意到氣到，氣到力到」，從而使練功者強健體魄，提高了練功者的擊技水平，達到養生與擊技並重的效果。

人之一身，形由心生，心由神主。孟子曰：「心之官則思，則思為心之用矣。」鑒於此，我們認為：所有這些論點的提出，均證明了心意拳家300多年前就提出的「心與意合」這一理論符合中華古老醫學「心主思」的理論，具有科學性。這種科學性，具體體現為心意拳家們大膽的，並且最早提出「心與意合，意與氣合，氣與力合」的內三合理論和「手與足合，肘與膝合，肩與胯合」的外三

合修練實踐，並且將此理論運用到心意拳的修練、技擊、養生、防病治病等方面中去。

這一論證的出現，證明了心意拳是一門講科學的拳種，並且在實踐中已被很多心意拳先賢們證實了的。

明白了以上道理，我們就不難了解「心意」的作用了。

我們根據心意拳的「心與意合，意與氣合，氣與力合」這一理論，得出心意太極拳的內功作用首先是由修身養性來達到「心平氣和」，以均衡人的心理和生理，並且起到防病卻病的作用。

實踐證明，經由心意太極拳的「心與意合」的鍛鍊，能調節人的中樞神經，刺激大腦皮層的活化，從而起到促進大腦新陳代謝，調動人體潛能，促進人自身防病祛病的能力，來達到防病治病、健身強身的目的。關於這一點，可以說佛、道、儒三家都是共識的。

心意是人類生命的主宰，人的運動是要靠意念的帶領才進行的，只有心意安靜，才能使精神內守，精神內守才能從大腦向全身發出良性的信息，才能體現精神駕馭形體的能力。

三、筋膜說

心意太極拳的鍛鍊是內外兼顧的，外鍛鍊筋、骨、皮，內養練精、氣、神。但是，人體的精、氣、神還要靠呼吸、運動、養練得來，外面的筋、骨、皮的鍛鍊也是由運動、風霜雨雪、暑往來的日久磨練而起到作用，這就是「有形者為架式，無形者為氣力」。心意太極拳多三角運

動及螺旋運動，這種運動均是身體肌肉、神經、筋膜的前後、左右、上下、正反擰轉，以及伸展、俯仰而形成的。全身的關節按照數理的循環而運動，是以腰為根、胯為軸的運動。

人類的身體是由骨骼、肌肉、神經、筋膜等物質所組成，對於人類來說，沒有一樣是不重要的。但筋膜對於練拳的人來說更加重要，它是連接和帶動骨骼、關節、肌肉的紐帶，所以古人說：「寧要筋長三寸，不要肉厚一分。」對於練習武術的人，筋膜的伸展更重要，武術所謂「筋長力大，膜厚功深」是也。練武之人的活動自如，就是要骨活膜潤，平常我們所說武術運動其實就是鍛鍊伸筋拔骨，騰膜長力。當然，在這裡所說的筋膜是身體內裡的深筋膜，當然包括骨膜在內。

骨在人體起著支撐作用，除骨的本身可以造血外，其骨膜還有連接的作用，因為除關節面等處外，骨的表面都有骨膜被覆。骨膜是由致密結締組織構成的薄膜，含有豐富的血管、神經和成骨細胞，它們對骨的營養、生長和骨損傷後的修復都具有十分重要的作用。武術的養膜就是易骨、易筋、易髓的功夫。

人體的筋始於爪甲，聚於肘、膝，裡結於頭、面，其動而活潑者，全靠著氣，所以練筋必須練氣。氣行脈外，血行脈中。血猶之乎水，百脈猶之百川。血循氣行，發源於心。日夜十二時辰，周流於十二經，瞬息無間。血液循環，百脈震動，人之五臟六腑，肝主筋而藏血。臟腑經絡之血，或升或降，皆肝主之。

所以，血氣之性不可逞，血氣之身尤當保耳。因此，

陽，退為陰；攻為陽，守為陰。若從修練的角度，我們一樣要知道人體的陰陽區分：「夫言人之陰陽，則外為陽，內為陰。言人身之陰陽，則背為陽，腹為陰。言人身臟腑之陰陽，則臟者為陰，腑者為陽。肝、心、脾、肺、腎五臟皆為陰，膽、胃、大腸、小腸、膀胱、三焦六腑皆為陽。」（《素問‧金匱真言論》）因此，我們在養生和防病祛病上如果懂得陰陽，知道人體也是由陰陽兩種物質產生和形成的，人體也是陰陽對立的統一體，就會經常地保持陰陽的相對平衡，保持「陰平陽秘，精神乃治」，才能保持人體的健康。人體的陰陽一旦出現不平衡，那就會生病。心意太極拳的鍛鍊和心意養生功的修練就是要均衡人體的陰陽，使人體能夠「陰平陽秘」「天人合一」，以達到身體健康、延年益壽的目的。

31

由現代科學探知，在宇宙中任何物質都存在陰與陽的開合和相互聯繫，是相互均衡，相互矛盾而又相互統一的。我們認為：凡已知的物質即顯見的，我們認為它們就是陽性的；而凡不能看見的（不是不存在的），隱蔽的物質均可稱之為陰性的。現代科學家提出的這些理論，已被絕大多數有科學知識的人所認同。

由於心意拳講究陰陽，如果是實戰搏擊，顯而易見的出手，我們稱為「陽手」，在沒出手之前，處於隱蔽之處的手就是「陰手」。

太極拳前賢王宗岳曾經說過：「陰不離陽，陽不離陰，陰陽互濟，方為懂勁。」在中華傳統文化中，太極陰陽學說是一種雙向思維的方式。萬事萬物都是一種陰陽相對成雙的統一體。

萬物在陰陽學說中相反相生，共生共存，兩種動能相摩相蕩而推動事物向前發展。學習心意太極拳，就要用這種思維去認識，去推動，去處理人與人、人與自然、人與一切事物的種種複雜的關係，從而把握種種陰陽的變化，時空的變化規律，盡量地調節矛盾，調和陰陽，使事物正常地、健康地向前發展。

陰陽是事物發生變化的兩大動力。陰陽兩種功能時刻都在發生變化。而陰陽變化的穩態是事物發展過程中的最佳狀態。這種穩態表現為陰陽平衡，陰陽氤氳，陰陽相濟，陰陽和諧，陰陽和合。因此，在練習心意太極拳的時候一定要善於調整陰陽，使陰陽相對平衡，搭配合理，才利於養生。

五、精、氣、神是人的自身之寶

《心意拳譜》上曾經說到：「精養靈根氣養神，元陽不走具為真。丹田養就千日寶，萬兩黃金不與人。」這說明人體的自身是有寶的。這個寶是什麼？

古人說：「天有三寶，日、月、星；地有三寶，水、火、風；人有三寶，精、氣、神。」

自然界如果沒有日、月、星，就會黑暗無光；大地沒有水、火、風，就不能養育萬物；人身如果沒有精、氣、神，就不能維持正常的生命。而各門武術沒有不重視對自身精、氣、神的養護的。對於不練功的人，平時可能不太注意。儘管你不重視它，它仍然存在。但是，你一旦離開這個寶，生命就會受到威脅。

精、氣、神三者是人體生命現象產生和變化的根本，

所以，古人有「人有三寶——精、氣、神」之說。精是構成和維持人體各種生命活動的物質基礎；氣由精所化生，是激發和推動人體生命活動的動力；神則是整個人體生命活動的外在表現。因此，精、氣、神三位一體，存則俱存，亡則俱亡，均是人體生命攸關的所在。

33

人的精、氣、神，合併起來可以用「精神」兩個字來說明。精神的表現形式有多種多樣。它可以以行為、氣色、語言等來表現，也可以透過人的喜、怒、哀、樂、憂、思、悲、恐、驚七情六慾表現出來。人生病，情緒不穩定，面部不華，氣色必定不好，我們則稱之為「沒有精神」；人一高興，面帶笑容，神采奕奕，我們就說這人「精神好」，或者說「有精神」。但心意太極拳，在看待精神的問題，是從兩個方面來看的。

我們所說的精神是指廣義的精、氣、神。所謂精、氣、神是指我們的身體健康，精神旺相，龍馬精神。所有這些都是心意太極拳的鍛鍊者由練功而修練來的。修練心意太極拳功法的人，能夠養氣練神，練神還虛，練虛入道，這樣內外兼修，自然身體虛靈，百病不侵，再加上平時就能注意惜精、寡慾、保真，所以，練心意太極拳和功法的人必然是精神抖擻、身體強健的。

當然，心意太極拳和功法的強身健體的功用能使弱者變強，病者能得到康復，逐漸得以改善；然後，由心意太極拳和功法的作用，人的身體更健康，精力更充沛，將來還能練出身靈步活、體態輕盈，練到拳術上乘之境界。

我們今天向大家介紹的心意太極拳和功法，主要還是以預防為主，以鍛鍊為主。投身心意太極拳和功法的鍛

鍊，能活動肢體、舒筋拔骨，能調整人的神經，均衡人體的陰陽，補充人體所需的氧氣，使人的元氣、真精、元神都得到調養，你必然會延年益壽、永保青春。

我們說精、氣、神是人的自身之寶，那麼，具體表現在哪些方面呢？

(一)精

精分廣義的精和狹義的精。廣義的精，是構成人體和維持生命的基本物質，在人體中由正常的生理活動不斷被消耗，又不斷得到補充和滋生。廣義的精，包含有精（狹義的精）、血、津液三個方面。

狹義的精，又分先天之精和後天之精。先天之精是生身的根本，受之於父母，兩精相互結合，生成了新的生命體，我們稱之為「先天之精」。後天之精，是養身之源，來自後天的飲食水穀的化生。飲食水穀經過人體的消化吸收以後，變成精微的物質，進入血液之中，用以營養五臟六腑，保證人體繼續生長發育，我們稱之為「後天之精」。

先天之精與後天之精既相互促成，又相互為用。有先天之精，人才能生成形體，並且可以化生後天之精。人出生以後，後天之精能夠運輸到全身及各腑臟，成為各腑臟活動的物質基礎，因此也稱為「腑臟之精」。腑臟之精充盈，灌注於腎臟之中，又會化生成先天之精。先天之精和後天之精相互作用，可以使人體健康強壯。

血，是飲食中的精華所化生的。其化生過程是由中焦的氣化、胃的腐熟、脾的運輸以及心陽的氣化，吸取食物

全身，就像大氣充塞於天地之間一樣。這樣，練功時間越久，攝取外氣的量越多；持續的時間越長，氣化作用越強。人體的內氣與天地之間的大氣互相通聯，陰升陽降，水火既濟，維護著臟腑功能的陰陽平衡，保持生理上的穩定，使邪不可侵，方能體健壽長。

古人有言曰：「人自有生以來，稟先天之神以化氣，積氣以化精，稱天根，號命門，即所謂太極是也。真陰真陽俱藏此中。此氣靈明，發為五臟之神，心之神、肝之神、脾之神、肺之神、腎之神，賴此主持，呼吸依之。」

人體內的陰陽二氣相輔相成，上至頭頂百會穴而交，下至腳底湧泉穴而聚，陰陽二氣相轉變化，上下流通，使內氣在運勢中節節貫穿，兩氣協調一致。運勢行氣時，採吸天地之氣，自肺而心、脾、肝、腎至命門，呼自命門而腎、肝、脾、心、肺，吐出五臟之氣。內氣周流五臟，起到了平衡陰陽、調整五臟功能、促進血液循環及新陳代謝的良好作用，久而練之則有神清氣爽、精血充沛、免疫祛病、健體延年的功效。

心意太極拳是內家拳之一，因此，非常注意對氣的修養。

心意太極拳的養氣和練氣，一定要注意呼吸有法，這種法有「入陰附陽」和「入陽附陰」之分。

（1）吸氣（入陰附陽）：吸氣時氣自腳底湧泉穴上提至百會穴。此為陰氣相入，陽氣在下相扶。

（2）呼氣（入陽附陰）：頂心氣自百會穴下行沉於小腹下丹田，隨之氣發脊背，氣催肩行至手掌心外，此氣為入陽氣下行發放，主陽，陰氣在下相扶。

行氣時要求呼吸自然放鬆，不可僵硬。吸氣舌微上捲，頭微仰起，身微上提，氣上行於百會穴而交，同時手掌背微向上提，意念調節呼吸。但是，古人云：「凡息不止，真息不生。」練功者只有進入物我兩忘，呼吸已經完全不被感知的胎息階段，丹田有張有縮，全身格外通泰舒服，這才是達到「天人合一」的境界。

心意太極拳有氣就有「氣場」，練此拳者能感觸到，不練者就感觸不到。

宇宙本是一個絕對統一的整體，在這個巨大的系統中存在著各種統一的規律。這些規律相互作用，相互包含，交織在一起，規定和影響著它的子系統以及宇宙時空上的諸種有序的對應關係，使相互對應的部分在物質、能量、信息、精神等宇宙要素的總和上呈現出較大的相似性。因此，宇宙整體在本質上可被描述為絕對連續的有序全息統一場。

實踐證明，一些人投入心意太極拳和功法的鍛鍊和治療，能夠吸收大自然中有益於人體健康的氣體來補充和轉化成人體內的氣，這時，練功者的身體有了「氣感」，身體內的氣機會發動，於是就有了「氣場」。另外，人體與天體的大宇宙是相通的，人體也是一個小宇宙，這就是我們所說的「天人合一」。天體是有陰陽的，人體也是有陰陽的。宇宙和人體是相對應相協調的。例如，我們每天練功是要呼吸的，而呼吸進出氣的地方也是與天地大自然相通的，與周圍的環境相通的，這個練功的場所就是氣場。這個氣場得以運轉，有病的人會從中採到對人體有益的氣，這些氣能治好病人的病。病人在這裡還可以採到健康

的練功者的氣，而健康人在這裡練功，則可以互相補氣。因為有氣場，氣是流動的、循環的，所以，凡在這個氣場練功的人都可以互相採氣、補氣。這種互補，正是你補充我的不足，我補充你的不足，互相以己之長補別人之短，達到共同增益、共同健康的目的。心意太極拳正是由這種呼吸、採氣、補氣的方式，內氣外放，外氣內收，用後天所練之氣來培補先天元氣的損耗，起到既能排濁又能納清的作用，從而使人類健康長壽。

知道了氣與氣場的關係，我們還應該知道「神與氣合」的重要作用。所謂「神與氣合」，是指用養生的方法，補氣養神，鞏固根本，使人的精氣不散失，形與神協調而不分離。

「神與氣合」的理論，是與五運六氣學說統一的。只有神氣守內，才能保全真氣。若神與形不能緊密聯繫而離散，就達不到養生的目的。人的神氣還與大自然息息相通，因此，人體必須適應自然界的一切變化。能做到這些，人體就與大自然融為一體，可以「回歸本源」了。

七、心意太極拳的磁與磁場

心意太極拳和功法基本理論也都源自道家。道家練功是要講究場地和天氣季節的，這個場地就是地球的經緯線。他們認為地球的經緯線對自己的練功有一定的影響。我們在練習心意太極拳和功法時，還要知道天氣和季節對練功也有一定的影響。按照我國農曆二十四節氣的氣候變化對應練功，這就是練功的「場」。

人的身體是由陰陽的物質組成的，有陰陽就會有變

化，有變化就會有起伏，有起伏就會產生電。心意太極拳功法鍛鍊所產生的外氣可以使生物電磁場加強，對病細胞也有抑制作用。另外，由於人體的磁場不斷加強，人體干擾素會不斷地產生。人體干擾素是一種強有力的生理性抗病素物質，具有抗腫瘤和免疫調節作用，有利於控制感染和病情發展，所以，心意太極拳的鍛鍊，對於身體有病的人更有說不完的功用。

八、心意太極拳的信息和信息流

信息是練功者經過高層次的修練，其外因經由內因的調動使潛能起作用，並且相互影響的結果。信息是練功者深層次意識場的表現，現在很多人稱之為「生命信息工程」。

人是天地萬物中的一員，天地為宇宙的一員，所以，人體自然具有宇宙的信息而為一體。

近年來，有志於這方面研究的人員對練功的功能進行了很多研究，實驗結果證明：意識場信息是功能人與目標物之間可以建立起的一種極為和諧的關係。人與自然合而為一才能達到「天人合一」。人類要正確地認識自我，也要正確地認識宇宙，把自身的潛能和宇宙間的潛能都調動起來，發揮出來，更好地為人類服務。這也是我們學練心意太極拳的原因。

修練心意太極拳和功法的人，功夫到達高深的境界，同樣能夠有這樣的「信息」和「信息流」。練習心意太極拳和功法，還可以使一些輕微的病自癒。有些病史長一些的慢性病，可以通過吃藥和練功的密切結合而得以改善。

以右制左；上下相隨，進退從容；自然相應，以至無形，這就是心意太極拳的自然而然。

要做到鬆緊對稱，自然和諧，首先是心意的作用，即意念首先想到鬆，然後再緊，但一切要合乎自然，不要違背自然的道理，心意太極拳的開始就進入良性狀態了。

（2）非圓即弧、非順即逆

心意太極拳講究虛實開合，在練習中以圓為運動路線或軌跡，因此，心意太極拳基本上是非圓不轉，非弧不形，而其勢也是非順即逆的。

（3）以化為打、打化結合

所謂化，即纏絲勁，要上身中正，是立體的螺旋勁，沒有直來直去的勁，它秉承了心意拳的三角形態，是圓順逆轉的勁。

（4）動靜結合

心意太極拳是動靜結合的。動，就是肢體動；靜，是指運動時腦子靜。不管練功場地人怎麼鬧，我自己不聞不問，精神專注，意不它念，神不外馳，這就是「動中求靜」，也就是動靜結合。現在，很多太極拳都有音樂伴奏，有的人離開音樂就不會打了。雖然音樂能對練習太極拳起到一定的引導作用，但這會使學練太極拳的人產生依賴思想，對人在練習時入靜是不利的。心意太極拳從一開始就要讓學練的人丟掉依賴性，形成獨立練習、守中入靜的習慣，久而久之，練習者就能習慣於集中思想，精神專注。這樣，在練功的過程中得氣快，長功迅速，所以，心意太極拳要求動靜結合是有意義、有道理的。

（5）循序漸進

心意太極拳的功夫是循序漸進的。練一次拳，長一分功力；練一天拳，增一分健康。因此，我們要一招一式地練，那種指望一蹴可幾的思想是要不得的。凡是練習心意太極拳的人，只要按照要領來練，按照規則去修，就必然能練出此拳的功力和神韻來。而且越練人越健康，越練人越年輕，越練越想練，這就是循序漸進的效果。

有的人在學練過程中有「速成」的想法，這是不切合實際的。世界上任何藝術，都要經過艱辛、刻苦的學習才能學成，而心意太極拳是一門藝術，更是一種功夫，功夫是靠天長日久的苦練才能成功的。因此，我們在學練心意太極拳的時候，一定要戒驕戒躁，抱著吃苦的精神，循序漸進。

（6）持之以恆

心意太極拳的鍛鍊不是一朝一夕的事，要想身體健康，精神愉快，一定要持之以恆。有的人沒練幾天，就不練了，或者認為沒有效果，就堅持不下去了。有的人，經由心意太極拳的鍛鍊，身體是好轉了，也知道此拳不錯，但是，卻認為有病的時候才需要鍛鍊，沒病不需要練它。這些都是不能持之以恆的現象。

殊不知，人的生命在於運動，只有不斷的鍛鍊，不斷的修養，對身體健康才有好處，貴在堅持才是健康的重要保證。時練時丟，或者有病的時候想到鍛鍊，無病又忘記了，再有病的時候又想起來，這種想法是要不得的。人的生命貴在堅持不斷的運動，才能有效地保證自己的健康。因此，我們練習心意太極拳，一定要持之以恆。

第二章　基本技術要求

一、手型

1. 拳
五指捲曲，大拇指壓在其餘四指上，攢拳如捲餅。

2. 掌
五指自然叉開，掌心微含，成瓦楞狀，虎口盡量撐圓。

二、步型

1. 牮柱步
左腿在前屈膝成弓步，右腿在後挺直；或者右腿在前屈膝成弓步，左腿在後挺直。

2. 虛步
一腿屈膝半蹲，全腳掌著地；另一腿也屈膝，腳尖點地，腳跟離地，腳心含空。

3. 併步
兩腿相併，站立在一起。

4. 馬步
兩腳開立下蹲，距離比肩稍寬；兩腳十趾均向前；下蹲時膝蓋尖不超過腳尖；鬆腰鬆胯，身體上部保持端正，

不可左歪右斜，臀部不能外凸。

三、步法

1.上步

兩腿併步而站。然後，一隻腳支撐，另一隻腳向前邁一步。

2.刺步

一腿屈膝，另一腿向下刺去。注意心意太極拳與其他太極拳所不同者，當做下刺步時，刺下去的腿不能伸直，膝部與胯部保持水平狀態。

3.退步

一隻腳原地不動，另一隻腳向後退去。

4.貓步

踩步，是武術對腿和腳部鍛鍊的基本功法，在心意太極拳中稱之為「貓步」。《拳譜》中說：「運勁如抽絲，邁步如貓行」，就是說心意太極拳在走動時要輕，要慢。我們知道，心意拳注重十大形的靈法，而十大形中的貓科動物在尋食、捕食時，首先都是悄悄地接近獵物，所以，心意太極拳也遵循這一特點，注重「貓步」的訓練，在實戰搏擊中，「靠近敵人時，走步要如竊物感」。

【具體練法】

選擇一片長方形練功場地。

面向南方為練功的方向，由立正姿勢開始（圖2-1）。以右腳為支撐，左腳向前上一步；提腿時要放鬆，是用胯帶動大腿，用大腿帶動膝關節，用膝關節帶動小

腿,用小腿帶動腳掌,腳掌落地後五趾抓地(圖2-2)。
右腳立即跟上,與左腳併齊(圖2-3)。再以左腳為支
撐,右腳向前上一步;也是提腿時要放鬆,用胯帶動大
腿,用大腿帶動膝關節,用膝關節帶動小腿,用小腿帶動
腳掌,腳掌落地後五趾抓地(圖2-4)。兩腳不斷反覆左

53

圖2-1

圖2-2

圖2-3

圖2-4

右輪換向前進步，就是心意太極拳的貓步。

【要點】

心意太極拳的貓步，符合太極拳「運勁如抽絲，邁步如貓行」的要求。它是借鑒心意拳的雞步踩腿而來的，與其他太極拳的貓步有相同的地方，也有不同之處。心意拳的雞步靈活多變，久練之後，練功者腿部健壯有力，不動時穩如山岳，運動時勢如雷霆。這就是心意拳雞步的威力。心意太極拳的貓步正是運用心意拳的踩雞步兼取貓科動物行走的特徵融合而成的。

很多練習太極拳的人剛開始不是站立不穩就是東歪西倒，姿勢不準確，這是腿部沒有得到正確鍛鍊而無力的緣故。因此，在學習心意太極拳之前，首先要學練走貓步，等腿部得到鍛鍊以後，再去學習套路，就容易得多了。

【功用】

我們知道，人體腳掌離心臟最遠，因此，心臟輸送血液給腳掌以及腳掌血液回流到心臟比較緩慢，容易在腳部淤積。而練習心意太極拳的貓步，兩腳上提下落，使腿部的肌肉得到反覆撐裹伸縮，對血管產生擠壓作用，可以調節下肢的血液循環，加速血液向心臟的回流，更好地改善人體健康狀況。

另外，心意太極拳的貓步提腿對人體的腹部，特別是丹田部位，也有鍛鍊作用，這樣，練功者全身的精、氣、神都會得到很好的調節。貓步是比之練拳還要緩慢的運動，可以調節心率，使心肌舒張相對延長，對人的心臟也

第三章　心意太極拳套路

第一節　動作名稱

第 一 式	無極式	第 二十 式	恨地無環
第 二 式	渾元一氣	第二十一式	飛燕抄水
第 三 式	陰陽開泰	第二十二式	雞甩食
第 四 式	熊探掌	第二十三式	白蛇吐芯
第 五 式	虎抱（右）	第二十四式	倒攢猴
第 六 式	野馬分鬃（左）	第二十五式	鷂子抓肩（左）
第 七 式	虎抱（左）	第二十六式	大斜飛勢
第 八 式	野馬分鬃（右）	第二十七式	鷂子抓肩（右）
第 九 式	懶扎衣	第二十八式	虎抱頭
第 十 式	十字一掛鞭	第二十九式	力劈華山
第十一式	二龍吐珠	第 三十 式	推窗望月
第十二式	撥雲見日	第三十一式	雄鷹展翅
第十三式	十字一掛鞭	第三十二式	摟膝拗步
第十四式	丹鳳朝陽	第三十三式	上步撇身捶
第十五式	摟膝拗步	第三十四式	進步搬攔捶
第十六式	手揮琵琶	第三十五式	如封似閉
第十七式	高探馬	第三十六式	十字手
第十八式	肘底看捶	第三十七式	渾身抖擻
第十九式	恨天無把		

第二節 動作圖解

第一式 無極式

兩腳相併，身體自然直立。兩肩鬆沉，胸腹舒鬆；兩臂自然下垂，兩手輕輕貼在兩胯外側，掌心向內，虎口向前，十指自然叉開向下；頭頂項直，下頦微微內收，嘴唇輕輕閉合，兩齒輕輕叩住，進行調息。（圖 3-1）

【要點】

所謂無極者，乃是立正不動的姿勢，外形不動，而內裡也是無形無象、無意無識的混沌狀態。此時是天地未分、陰陽未判狀態，練功的人完全處在一氣渾然之中。要注意全身自然放鬆，不能有僵勁；鬆肩、鬆胯、圓胸，尾閭中正，膝部不能僵挺；呼吸自然，思想集中，意不外馳；一切處在寂靜之中。

【說明】

此式面向正南方。

第二式 渾元一氣

身體不動。兩眼先往前視，然後眼帘下垂，瞳仁之光從遠處慢慢移到近處。兩肘貼肋，全身放鬆，神不外馳，虛靈頂勁，呼吸自然均勻。（圖 3-2）

【要點】

所謂渾元一氣，是指此時的外形沒有分出，一氣是在渾元狀態。頭頂項豎，身體站立凌直，中正而不偏不倚，

圖 3-1　　　　　　　　　　圖 3-2

體正而又放鬆，全身均不能有僵勁。虛胸實腹，精神貫
注，氣沉丹田。意由遠及近逐漸移到下丹田。以意領氣，
以氣通身。眼觀鼻，鼻觀心，內視納氣，心意合一。

【功用】

從外形來說，是肢體動而舒筋活絡的開始；從內裡來
說，是行氣活血的開始。舒筋活絡是運動的基礎；行氣活
血可以調劑內氣，均衡陰陽。此時氣沉丹田，練功開始
了。

【說明】

「頭頂項豎」，就是在頭頂時，頸項豎直剛剛與衣領
相觸為正好。如果頸項沾不到衣服領子，就是頸部前傾
了；如果向後擠壓，就說明頸部後仰了。以頸部剛好沾自
己的衣領、不頂不離為正好。這是掌握「頭頂項豎」的最
好方法。

第三式　陰陽開泰

陰陽開泰（一）

①接前勢。身體緩慢下沉，兩腿微微彎曲，向下微蹲。右腳踏實；左腳緩慢提起，腳心含空，腳尖點地；兩膝尖前頂。兩肩要鬆，兩臂要垂，兩肘微微外頂，兩掌掌心向裡，兩虎口相對稱，斜向前方。（圖3-3）

②右腳不動，左腳向左開半步；兩腳十趾均向前，距離比肩稍寬。站定後兩腿微微彎曲，身體保持尾閭中正，而不可有左歪右斜的身形出現。兩肩仍鬆沉，兩肘下垂，兩掌心向內，虎口向前，十指均向下，掌心內含，有虛空的感覺。兩眼微向左斜視。（圖3-4）

圖3-3

圖3-4

圖 3-8

圖 3-9

成丁字步。左掌翻掌，向右掌下方抱去，掌心向上，虎口在外；同時，右臂屈臂回收，掌心向下不變，虎口在裡；兩掌相抱，右掌在上，左掌在下，呈抱球狀。身體右轉，右肩後擠，左肩前領；左臂貼左胸肋，斜橫在左胸腹部。眼前視左前方。（圖 3-9）

【要點】

其他太極拳中有抱虎歸山一勢，而心意太極拳是在心意拳的基礎上發展起來的，其勢多以形為要，故這裡只有「虎抱」而無「歸山」之說。此時，右掌在上，左掌在下，兩掌心相對，像抱一氣球。兩掌距離不能太近。近了，氣球有受擠壓的感覺；遠了，有氣球從兩掌中飛跑的感覺。要抱得不緊不鬆，感覺舒適為好。

【功用】

練習此式可以靈活全身。如果遇到敵人向我打來，我可

用左手將敵手往我右方捋來,並乘機用右掌向敵人面部或者胸部塌蓋下去,還可以乘機用我的左肩栽肩擊打敵方。

【說明】

此時面向東南方。

第六式　野馬分鬃（左）

接前勢。右腳不動;左腳向東南方開一步,落地後踏實。身體重心緩慢移向東南方。左掌向東南方緩慢斜形展開運去,高與口平,掌心向上,虎口向外,五指自然叉開向前;同時,右掌往下慢慢捋下,一直到右肋部護肋,掌心向下,虎口在裡,五指自然叉開向前。兩眼朝左掌食指尖視去。（圖3-10）

【要點】

所謂野馬分鬃者,是兩掌的運行和兩臂的開合就像用手掌分捋馬鬃一樣,與太極拳中「運勁如抽絲」的勁法類似,但較抽絲勁力大。雖然左臂往左方運轉去,但仍要沉肩垂肘,臂部不能伸直,肘尖有微微下垂的感覺。右肘有後頂勁,右掌有下按勁。用勁發力仍在腰部。

【功用】

當對方向我擊來時,我可上左步,順勢斜挑擊敵方。

【說明】

此時仍面向東南方。

第七式　虎抱（左）

接前勢。身體向右轉,面向西南方。左腳原地不動;右腳向左腳旁靠去,腳尖點地。同時,左臂屈臂,左掌翻

圖 3-10　　　　　　　　圖 3-11

掌，掌心內含向下，虎口在裡，五指自然叉開向前；右掌也翻掌，掌心向上，虎口在前，五指自然叉開，慢慢向左掌下運轉去，一直到左掌下，形成兩掌相抱狀態。眼隨左手食指前視。（圖 3-11）

【要點】

身體緩慢微微向左轉成螺旋之勢，重心左移。兩腿微屈，兩膝相併，襠部要合。兩手如抱一氣球在兩掌內。

【功用】

當對方向我打來時，我可上右步，趁勢用右手往我左下方捋擊敵手臂，並且乘勢用左掌蓋擊敵方的面部或者胸部，還可以栽右肩用肩尖打擊敵人。

【說明】

此時面向西南方。

第八式　野馬分鬃（右）

接前勢。身體向右轉，面向西南方。左腳原地不動；右腳向西南方邁一步，落地後屈膝成弓步。同時，右掌往西南方運轉去，高與口平，掌心向上，虎口向上，五指自然叉開向前；左掌按落至腹部，掌心向下，虎口在裡，五指自然叉開向右。眼隨右手食指前視去。（圖3-12）

【要點】

右臂前展要有掤勁，左掌要有下按勁；右掌前探，指尖不能超過右腳趾尖。

【功用】

對方向我擊來時，我可上右步，用右臂斜挑擊敵方。

【說明】

此時仍面向西南方。

第九式　懶扎衣

（一）掤

接前勢。身體繼續向右轉，面朝正西方。左腳向前上半步，右腳向前上一步，屈膝成弓步。右臂屈圓形，左掌搭住右手腕部，用右前臂肱部向前方斜掤去；右掌掌心向內，虎口在上，五指自然叉開斜向左方；左掌在後，掌心向前貼住右手腕處，虎口向右，有前推按捋之勢。眼向右手大拇指前視去。（圖3-13）

【要點】

所謂懶扎衣，是形容古人在與人較藝交手時，自己先

圖 3-12　　　　　　　　　圖 3-13

將衣襟提起塞在腰間，捆扎結實。也有的太極拳稱之為
「攬雀尾」。但不管叫什麼，基本手法離不開掤、捋、
擠、按四字。此式為掤，身體右轉，軀幹不能彎曲，但要
含胸拔背，氣沉丹田；兩胯要正，襠部要含；兩手臂盤成
圓環形，兩手要抱。往前掤去後向上、向前推進，有向前
推擠穿擊的意念，是讓敵人找不到著力點。往上掤的動作
要緩緩提起，以腰為軸，用腰往上展勁；左手向前助力，
要有擠靠勁。

　　【功用】

　　當對方用拳向我打來時，我用右手從下往上搭住敵手
或拳，然後再叼住敵方手腕，趁勢化解敵方來手，左手乘
機襲擊敵方的肋部。

　　【說明】

　　此時仍面向正西方。

(二)捋

接前勢。身體後坐，重心後移，臀部不能凸突。兩腿均彎曲，左腿彎曲在後，右腿屈膝，腳跟著地，腳尖翹起。同時，左掌翻掌，掌心向上，虎口在外，五指自然叉開向前；右掌也翻掌，掌心向下，虎口向左，五指自然叉開向前；左掌像托住一件物品向左下捋下，右手下捋如梭麻狀；又如兩掌往下抽絲。頭頂項豎，下頦內收，閉唇叩齒，舌頂上腭，眼視右前方。（圖3-14）

【要點】

此式為捋，身體上部要保持不變。兩手隨身體下捋時，右手有外推的意思，肩部要下沉，肘有下切之力；左手有向後托拉之勢。從上往下捋下來，有化解對方來勁的作用，其勁力是用身力而不是梢節力。

【功用】

敵方用拳或者掌向我打來時，我左手托敵手掌或者拳，右手向下按捋敵方的手臂。

【注意】

在捋敵手臂時，兩眼一定要全神貫注，注意敵方的變化，不讓敵方有任何其他的用意。

【說明】

此時仍面向正西方。

(三)擠

接前勢。身體前起，重心前移。右腳向前上半步，左腿挺直成牟柱式。同時，兩掌均翻掌；左掌掌心向前，虎

圖 3-14　　　　　　　　圖 3-15

口在右，五指叉開向上；右掌掌心向內，虎口在上，五指
叉開向左方；左掌貼在右手腕處，右臂屈臂成環圓形，用
臂的陽面向前擠去，兩臂抱成圓環形。頭頂項豎，下頦內
收，閉唇叩齒，舌頂上腭，眼向前方視去。（圖 3-15）

【要點】

手往外擠時，必須要腰隨心意而動；以腰為力點，以
胯為軸轉動。當左掌扶住右手腕向前擠時，右手肱部微
斜，前臂肱部前部成錐形，向前有穿靠之形，有擠靠之
勁，是肩催肘、肘催手的力量。

【功用】

當我前勢用雙手下捋、捋按敵方之手時，敵方有往回
抽手的本能，此時我正好乘機向前，用雙手擠打敵方。並
注意敵方的變化，隨時可以用左肘擊打敵方，或者右肘尖
向前穿擊靠打敵方。

【說明】

此時仍面向正西方。

(四) 按

接前勢。左腳向前上一步，落地後五趾抓地，腳心含空；右腳也向前上一步，落地後屈膝。

同時，兩掌均翻掌，掌心向上；右掌從左掌下抽出，回到胸前豎掌；左掌也回抽，到胸前豎掌；兩掌均變成豎掌，掌背貼胸前。然後，右腳再上前半步，落地後踏實，屈膝成弓步；左腳原地不動。同時，兩掌掌心均向前，虎口均在內，兩大拇指相對，其餘八指自然叉開向上，隨身體前移兩掌向前推去，然後再從上往下按下。頭頂項豎，下頦內收，閉唇叩齒，舌頂上腭，眼往前下方視。（圖3-16）

圖 3-16

【注意】

此式看似兩手臂在用力，實際仍是用腰部旋轉帶動兩手臂，所以，心意太極拳多用身體的整體力。《心意拳拳譜》的「筋經貫氣法」中說道：「前手發力，後手不能勾勒。」因此，心意太極拳的十字一掛鞭右手腕要平，手掌有平砍之勢，五指自然叉開向前，這樣為展，為開，是發力，且臂部要平，要伸展，但唯獨肘尖要微微下垂。

77

【說明】

此時面向東南方。

第十一式　二龍吐珠

(一)右式

接前勢。身體重心向右移。左腳往右磨，腿部挺直成箭步；右腳往右磨，五趾向右斜方，右腿屈膝成弓步。右掌翻掌，掌心向上，用劍指（食指、中指伸直，其餘三指屈在一起）向右上方戳去；左掌也翻掌，掌心向左，虎口向裡，成劍指插向下，往左胯處貼去。頭頂項豎，下頦內收，閉唇叩齒，舌頂上腭，眼往右掌食指視去。（圖3-18）

【要點】

所謂二龍吐珠者，乃是用我的食指、中指併成劍指直插敵方的眼睛。此式要側重腰胯的力量。右手劍指向右戳，要沉肩垂肘，肩催肘、肘催手，氣發丹田，力達指梢。左手劍指護在左胯部。

【功用】

對方用拳或者掌向我擊來，我可屈臂垂肘，此時右前臂已經成斜豎起狀態，可以化解敵方的攻擊，並同時用劍指戳擊敵方的面部或者眼睛。

【說明】

此時面向西南方。

(二)左式

①接前勢。重心向左微移，面向南方。右腳以腳跟為支點，腳前掌向左磨去，腳掌向裡扣；左腳也以腳跟為支點，腳前掌向前，兩腿半下蹲成半馬步狀。此時身體已經站成中正狀態，重心在兩腿之間。右手劍指與其他三指均伸開，手腕往裡畫一小圓，翻掌，成掌心向下，虎口在左；左手劍指與其他三指也伸開成掌，在左胯處保持不動，掌心向內，虎口在左，五指自然叉開向斜下方。頭頂項豎，下頦內收，閉唇叩齒，舌頂上腭。眼視前方，餘光向左方瞟視去。（圖3-19）

②接前勢。身體左轉，面向東南方，重心向左移去。左腿屈膝成弓步，左腳前掌向前轉去；右腳原地不動，腿部挺直成箭步。左掌再成劍指，向左上方戳去，掌心向上，虎口在左；右掌向下落下，掌心向裡，虎口在左，五指叉開向下，護在右胯處。頭頂項豎，下頦裡收，閉唇叩齒，舌頂上腭。眼向左上方視去。（圖3-20）

【要點】

此式由原來的重心在右，轉成重心在兩腿之間，整個身體的力量集中在腰胯部，右臂懸在右方，肘部要垂，臂

圖 3-19　　　　　　　　　圖 3-20

不能挺直；接著，當左手用劍指向左戳去時，臂部也不能伸直，肘尖要下垂，但右臂自然垂下，貼在右肋胯部。

【功用】

假設對方用拳或者掌向我擊來，我可屈左臂，斜豎左前臂，撥格敵手，乘機用劍指上戳敵方的面部或者眼睛。

【說明】

此招招式狠毒，兩指叉開，食指與中指的距離正好與兩眼的距離相等，如果插向敵人的眼睛，正好可以插瞎敵人，因此，練習者在運用時一定要謹慎，不能亂用，以免誤傷好人。此時面向東南方。

圖 3-21　　　　　　　　　圖 3-22

第十二式　撥雲見日

撥雲見日(一)

①接前勢。身體右轉，重心右移。兩腿均屈曲成半下蹲勢，兩腳站立距離比肩稍寬，成半馬步。左掌往下向右，自右向左從胸前畫一圈轉去，掌心向外，虎口向右，五指自然叉開向上。（圖 3-21）

②右腳向左腳靠去，右腿微屈，腳尖點地。右掌經右小腹前往上，再向右劃去，到面部右前方停住，掌心向外，虎口在左，五指自然叉開向上；左掌落下，至左小腹前，掌心向下，虎口向裡，五指自然叉開向右。此時，身體微側向西南方。頭頂項豎，下頦內收，閉唇叩齒，舌頂上腭，眼隨右掌視去。（圖 3-22）

【要點】

所謂撥雲見日者，實質乃練習龍形也。龍有穿雲撥霧、遨遊天空之本領，而此勢的兩臂左右撥轉就像龍的兩爪在天空撥轉雲霧一樣。盤練此勢要兩肘尖下垂，沉肩墜肘，看似兩掌在撥，實為兩臂在運轉。全身手腳一齊動，即撥左手，上左腳；撥右手，上右腳。

81

【功用】

當對方用右拳或者掌向我擊打來時，我可用左手向我左方往外撥轉敵手。右手隨左轉身從敵右臂下穿過，用右肘乘機打擊敵方的胸肋部。

【注意】

此式也是用腰部旋轉的力量，而不是徒做兩臂運動。

【說明】

此時面向西南方。

撥雲見日 (二)

①接前勢。右腳原地踏實不動，腿部微屈，重心移到右腿上；然後，左腳向左一步，落地後腿部彎曲；兩腳站立比肩稍寬，成半馬步。同時，左掌向上翻掌，從小腹左方往上往右在身體左側畫一圓圈，到面部左上方停住，掌心向外，虎口在右，五指自然叉開向上方；右掌落下至右小腹前，掌心向下，虎口在裡，五指自然叉開向左。（圖3-23）

②右腳向左腳靠去，兩腿腿部均微屈，右腳用腳尖點在左腳腳心處成丁字步。接著，右掌從小腹旁由下往上畫起，在身體右側部畫一圈，到面部右上方停住，豎臂屈

圖 3-23　　　　　　　　圖 3-24

肘，立掌豎腕，掌心向外，虎口在左，五指自然叉開向上；左掌落下至左小腹前，掌心向下，虎口在裡，五指自然叉開向右。頭頂項豎，下頦內收，閉唇叩齒，舌頂上腭，眼隨右掌視去。（圖 3-24）

【要點】

同撥雲見日（一）。

【功用】

當對方用拳或者掌向我擊打過來時，我右手向右方往外撥轉敵手，左手隨右轉身，從敵臂下穿過，用左肘乘機打擊敵方的胸肋部。

【說明】

此時面向西南方。

圖 3-25

圖 3-26

撥雲見日(三)

①接前勢。右腳落地踏實；左腳向左平移一步，落地後腿部微屈；兩腳站立距離比肩稍寬，成半馬步。同時，左臂豎臂垂肘，左掌向右向上、再往左畫去，在身體左側畫一圈，到面部左上方時停住，掌心向外，虎口在右，五指自然叉開向上；右掌落在右腹部旁，掌心向裡，虎口在上，五指自然叉開向左下方。（圖 3-25）

②接前勢。重心左移。兩腿微屈；右腳向左腳靠去，腳尖點地。右掌向上向右畫去，在身體左側前面畫一圈，到右上方時停住，掌心向外，虎口在裡，五指自然叉開向上；左掌往左畫去，當畫到小腹左側時停住，掌心向下，虎口在內，五指自然叉開向右，成平掌按下。頭頂項豎，下頦內收，閉唇叩齒，舌頂上腭，眼隨右掌視去。（圖 3-26）

【要點】

同撥雲見日（一）。

【功用】

同撥雲見日（一）。

【說明】

仍面向西南方。

84

第十三式　十字一掛鞭

①接前勢。右腳落地踏實。身體右轉。左腳提起落在右腳旁，腳尖點地。同時，右臂抬起，右手翻掌，掌心向下，虎口在左，五指自然叉開向前；左手也翻掌，掌心向上，虎口在外，五指自然叉開向右方，從左腹部向右掌下抱去，兩掌成右抱球狀。（圖3-27）

②接前勢。身體左轉，面向東南方。同時，左腳向左開一步，落地後抓實，左腿屈膝成弓步；右腳原地不動，右腿挺直成箭步。左掌從右肘下穿過，從下向上在面前畫一大圓，向左前方伸展去，到左前方時翻掌，掌心斜向上，虎口在內，五指自然叉開向前上方；右掌往右後方挺伸出，臂部伸直，手掌成俯掌，掌心向前下斜方，虎口在右，五指自然叉開向後。頭頂項豎，下頦內收，閉唇叩齒，舌頂上腭，眼向左掌前視去。（圖3-28）

【要點】

兩臂伸展，但肘尖要下垂，胸部也要擴展。

【功用】

同前十字一掛鞭。

圖 3-27　　　　　　　　　　圖 3-28

【說明】

面向東南方。

第十四式　丹鳳朝陽

接前勢。身體向左轉，左胯後撐，面向正東方。右腳原地不動；左腳收回，腳跟著地，腳尖翹起。同時，右臂屈臂豎肱垂肘，手掌往上鑽起，一直到頭部上方，掌心朝裡，虎口在右，五指自然叉開向上；左掌往左腹前按捋下，護襠，掌心向下，虎口在裡，五指叉開向右成平掌。頭頂項豎，下頦內收，閉唇叩齒，舌頂上腭，眼往前視。（圖 3-29、圖 3-29 附圖）

【要點】

丹鳳朝陽屬於鷹形，鷹有藏爪之能、抓攫之巧。所以，此勢是一手在上為陽手；一手在下為陰手，有陰藏之

圖 3-29　　　　　　　　　圖 3-29 附圖

意。此勢身形要尾閭中正，不偏不倚，虛胸實腹，氣沉丹田。右臂豎肱，稍提即落，沉肩墜肘，丹田提氣；左掌下按如水中按瓢，不緊不鬆。

【注意】

此處初學者可能在右掌上鑽時，容易氣往上提，胸滿氣足，但應一提即下，仍然氣沉丹田。

【功用】

當敵方從我左側擊打過來時，我迅速轉身，用左手格攔撥轉敵手；同時，用右肘穿擊敵方的腹部、胸部，用右拳頂擊敵方的下頦部。

【說明】

此時面向正東方。

圖 3-30

圖 3-31

第十五式　摟膝拗步

①接前勢。身體右轉，側身向東南方。右掌翻掌，向下按至胸前，肘尖向後，掌心向下，虎口在裡，五指自然叉開向左；左掌往上弧形托起，掌心向上，虎口在左，五指自然叉開向前。（圖 3-30）

②身體繼續向右轉，腰胯也隨之向右轉去，面向西南方。右臂伸開，右掌向身後雲去，成平托掌，掌心向上，虎口向右後，五指自然叉開向右後方；左掌翻掌下按，肘尖外頂，掌心向下，虎口在裡，五指自然叉開向右。眼視右掌。（圖 3-31）

③身體向左轉。右腿微屈；左腳跟著地，腳尖翹起。左掌隨轉身向左畫去，掌心向左下，虎口在裡，五指自然叉開斜向右；右臂屈臂垂肘，前臂豎起，手掌也豎起，掌

圖 3-32　　　　　　　　　　圖 3-33

心向前，虎口向裡，五指自然叉開向上。眼隨轉身向東南方前視。（圖 3-32）

④身體繼續左轉，面側向東方。左腳向東北方邁一步，落地後五趾抓地，腳心含空，屈膝成弓步；右腳原地不動，右腿微屈。左掌微向左膝前上方運轉去，掌心向外，虎口在裡，五指自然叉開向下垂；右掌豎腕立掌，掛在右耳旁，掌心向前，虎口在裡，五指自然叉開向上。眼向前方視去。（圖 3-33）

⑤身體繼續左轉，面向正東方。左腿不動；右腳原地不動，腿部挺直成箭步。在身體左轉的同時，左掌從左膝上方往左後，前臂垂直，手掌往下按，從左膝前摟過去，掌心向下，虎口在右，五指自然叉開向前；右掌由右耳旁向前方推出，手掌豎起，掌心向前，虎口向左，五指自然叉開向上。頭頂項豎，下頦內收，閉唇叩齒，舌頂上腭，

圖 3-34

眼向前視。（圖 3-34）

【要點】

撸膝是用手從膝蓋撸過的意思。在其他太極拳中，此勢有左右二式，心意太極拳中只有左手撸膝，所以講解和示範時分開成幾動，以便學者仔細推敲。此勢多腰部運動，兩臂旋轉應以腰脊力量為主，並非單獨的兩臂運動。因此，初學時一定要注意塌腰沉身，身體旋轉時腰部用力，兩臂畫動是以身體的力量帶動肢體運動，做弧形之圓。不管哪隻手畫動，均要沉肩垂肘，虛胸實腹，丹田前射。下面左膝尖前頂，右腿要挺。

【功用】

當敵方用拳向我胸口擊打來時，我向右轉身，讓過來拳，並用右手向後畫捋；左臂用前臂格擋敵手，用左掌向下畫撸，以防敵方用腳踢我迎面骨，並乘機用右掌向前推

擊敵方胸部。

【說明】

此式練到第五動時面向東方。

第十六式　手揮琵琶

接前勢。右腳向前上半步，落地後五趾抓地；左腳也向前上半步，腳跟著地，腳尖翹起。左臂探出，豎臂豎肱，肘尖下垂，成半屈勢向前傾斜，左掌掌心向右，虎口在裡，五指自然叉開向前斜上方；右掌落下，放在左肘彎內處，掌心向左肘彎，虎口在上，大拇指向左上臂，其餘四指均向左前臂。頭頂項豎，下頦內收，閉唇叩齒，舌頂上腭，眼向左掌食指前視去。（圖 3-35）

【要點】

此式重心在右腿，左腳雖虛仍有落意，腳尖翹起可防敵人用腳踢擊我的迎面骨。左臂屈臂豎肱，肘尖要有墜意；手掌要含，兩掌心相對，像懷中抱著琵琶，有向左右的撥力。要沉左肩，垂左肘；右掌雖立掌，要有鑽意。右肘要盡量貼右肋，一方面護左肘，一方面隨時準備撥格敵方來手。此式雖說是兩臂運動，實際仍是以腰脊為立軸，手臂為輔。

【功用】

當敵方用拳或掌向我擊打過來，我用左掌撥格敵手，右手隨時可以向前穿擊，並用肘擊打敵方。

【說明】

此時面向東方。

圖 3-35　　　　　　　　　　　圖 3-36

第十七式　高探馬

①接前勢。身體向左微轉。左腳向前踩地踏實，五趾抓地；右腿不動。左掌翻掌，掌心向上，虎口在左，五指自然叉開向前，前臂放平，手掌往後抽；右臂抬起，右掌向左翻掌，掌心向下，虎口在左，五指自然叉開向左，從左掌上面平推，往前平削去；兩手掌在胸前呈抱球狀。（圖 3-36）

②接前勢。身體微微後坐。左肩後擰，左掌繼續後抽；右掌繼續往前推去；當左掌抽到不能再抽時，右掌往前推到不能再推時，左掌貼胸，掌心向上，虎口在左，五指叉開向前；右掌掌心向下，虎口在左，五指叉開向左，右前臂橫臂，肘尖有前頂之意。眼向左掌食指前視去。（圖 3-37）

圖 3-37　　　　　　　　　圖 3-38

③接前勢。右掌往下按；左掌從右掌上往前上方鑽
出，成向上穿掌勢。頭頂項豎，下頦內收，閉唇叩齒，舌
頂上腭，眼往左掌前視去。（圖 3-38）

【要點】

此式重在腰部運動。左右手或抽或進，看似兩手在運
動，其實是身體在微轉，即以腰帶胯，腰胯同時旋轉；手
臂要柔活；要含胸拔背，沉肩垂肘。

【功用】

敵方用拳或者掌向我擊打過來，我左掌引托敵手，右
掌用掌根削擊敵方。

【說明】

此時仍面向東方。

圖 3-39

第十八式　肘底看捶

接前勢。左腳向前上半步，落地後五趾抓地；右腳原地不動，右腿微屈，五趾抓地。左臂屈臂，肘尖下垂，肱部向前上方斜豎立，左掌變拳，拳眼向左，虎口在左，用肘往前穿靠出；右掌也變拳，拳眼朝上，拳面朝前，從前帶回到左肘下，拳眼頂在左肘尖。頭頂項豎，下頦內收，閉唇叩齒，舌頂上腭，眼向左拳前視去。（圖 3-39）

【要點】

練習此式要鬆肩垂肘，含胸拔背，全身鬆柔，唯此形若坐勢，全身重心均在右腿上。左臂向前推靠，有迎面貼臂的勁意；右拳立在左肘尖下，可以防護左肋，並可隨時向前進擊敵人。

【功用】

對方若抓我左手腕，我可左掌往前穿擊對方面部，左腳掌翹起防敵踢我；右拳隨時可以直擊敵面或者胸部。對方若由側面擊打我，我用左手握對方手臂，向左領去，再用右拳閃擊對方腰部。

【說明】

此時仍面向東方。

第十九式　恨天無把

①接前勢。上身直起。兩手均由拳變掌；左掌掌心向內，虎口在左，五指自然叉開向前上方；右掌掌心向下，虎口在內，左手用臂肱部往右掌上方前穿，右手背頂住左肘尖；兩掌一起向上抓取，猶如抓住天上垂下的把柄一樣。然後兩手再握成拳，左拳在上，右拳在下，附在左腕部，即抓住天的把柄。（圖3-40）

②接前勢。兩拳向下拽。左腳前進一步，落地後五趾抓地，左腿屈膝成弓步；右腳原地不動，腿部挺直成箭步。（圖3-41）

③接前勢。兩拳繼續往下拽；左拳一直拽到左膝上，右拳拽到小腹前；左拳拳眼向前上方，右拳拳眼向左上方。身體成前俯勢。頭頂項豎，下頦內收，閉唇叩

圖3-40

圖 3-41　　　　　　　　　圖 3-42

齒，舌頂上腭，眼向前視。（圖 3-42）

【要點】

所謂恨天無把者，是說老天沒有把柄。如果老天有把柄，我雙手抓住天的把柄，能把老天從上拽下來。練習此式不能像心意拳那樣打剛勁，而是抓手用剛勁，下拽用柔勁，左腳快要落地時用靈勁。身體前傾，左肩前栽，用肩尖打人，發揮身體的整體力。

【功用】

此式有兩用：（1）當對方用拳或者掌向我擊打過來，我雙手往上托擊敵人，從下腹部一直到下頦部，兩手帶肘均可擊敵；（2）當我雙手將敵方推擊成身體後仰時，雙手抓住敵方的頭髮或者衣領，用力往下拽，並可乘機用自己的頭擊打敵方。

【說明】

此時面向東方。

第二十式　恨地無環

接前勢。右腳向前上半步，落地後五趾抓地；左腳向前微移，全腳掌著地，膝蓋前頂。左拳向上拔起，一直到面部前方，高與眼平，拳眼向上，臂部屈曲，肘尖下垂；右拳也往上拔起，一直到胸前，拳眼向上，臂部彎曲，肘尖下垂。頭頂項豎，下頦內收，閉唇叩齒，舌頂上腭，眼向左拳前視去。（圖 3-43）

【要點】

此式與上式「恨天無把」是對稱之勢。所謂「恨地無環」，意思是說，大地沒有環子，如果有，我手抓住大地之環能將大地拎起來。練習此式兩肩要扣，兩臂要夾，兩拳要合，從下往上有拔牛樁之態。

【功用】

（1）如果敵方用腳向我踢來，我可用雙拳砸擊敵腳。

（2）敵方如果想上前摟抱我，我可用雙拳從下往上頂擊敵方的下陰或者小腹部。

【說明】

此時仍面向東方。

圖 3-43

第二十一式　飛燕抄水

①接前勢。身體右轉，面向東南方；身體後坐，重心移到右腿上。左腳腳跟著地，腳前掌翹起，以腳跟為支點向右轉。左拳變掌，掌心向右，虎口在裡，向右往右肩畫去；右拳也變掌，向左肘前抱去；兩臂在胸前成十字剪手勢相抱。（圖3-44）

②身體繼續向右轉，面向西南方。左腳落地；右腳原地不動。右掌向上向右畫一大圓圈以後，從左肘下上穿到右面，高與口平，掌心向下，虎口在裡，五指向左前方；左掌向左，在面前畫一小圓圈，一直到右掌外停住成豎掌，掌心向外，虎口在右，五指豎起向上。整個身體有向右螺旋之狀態。（圖3-45）

③身體繼續向右轉，重心右移，側向西南方。右腿屈

圖3-44

圖3-45

圖 3-46

圖 3-47

膝成弓步；左腿伸直成箭步。右掌向右上方伸起，高與眉齊，掌心向前；左掌向下向裡畫貼到右胸部。整個身體呈右傾斜勢。（圖 3-46）

④身體往下。右腿向下蹲，屈膝；左腿往左下方刺去，左腳前掌斜向東南方。右掌不變；左掌從左腿內側往前下方刺去，刺到左腿膝蓋處停住，掌心向右，虎口在上，五指向前下方。頭頂項豎，下頦內收，閉唇叩齒，舌頂上腭，眼向東南下方視去。（圖 3-47）

⑤接前勢。身體繼續向前刺去，然後突然前起。左腿屈膝成弓步，右腿向前跟去，屈曲成雙雞步。在向前起身的瞬間，左掌前領，向上鑽起，左肱豎起，左掌上鑽到頭頂前上方，掌心向上，虎口在右，五指向後；同時，右掌順左肘前起，一直向上，到左肘尖，用虎口附在左肘尖處，掌心向前，虎口在裡，大拇指在肘尖下，其餘四指向

上。頭頂項豎，下頦內收，閉唇叩齒，舌頂上腭，眼向正東方視去。（圖3-48）

圖3-48

99

【要點】

此式身體從左向右轉，有螺旋之態。身體上起下蹲，兩掌從左向右抱，上起下落，而後又從下往上，從外向裡，是上下左右的對稱。此動作幅度較大，是此心意太極拳大運動量的運轉，對於練出功夫是有一定好處的。

【功用】

當前式恨天無把，向下墜打過後，可能胸、腹部出現空隙，老到的對手會乘機向我弱處攻擊。我向後坐身轉身退讓，閃過敵方攻擊，然後再雙手輪換在胸腹前絞撥，格開敵手，乘機下刺抄擊敵方的襠部。

【說明】

此時面向東南方。

第二十二式　雞甩食

(一)右式

①接前勢。身體左轉，右肩領前，面向東方。左臂屈臂，肘尖下垂，左掌心向外，虎口在裡，五指自然叉開向上，往右腮處推去，護住右腮；右肩下沉，右臂斜置右胸

圖 3-49　　　　　　　　圖 3-50

部，右掌心向下，虎口在後，五指自然叉開，往左胯處插
去。整個身體成螺旋狀態。眼向左掌前視去。（圖 3-49）

　　②接前勢。身體重心前移至左腿，以左腿為支點，右
腿往上提起，膝蓋上頂，腳掌要平。同時，左掌向右肘尖
靠去；右掌翻掌成鉤手，用力往前上方撩擊出。頭頂項
豎，下頦內收，閉唇叩齒，舌頂上腭，眼往東南方視去。
（圖 3-50）

　　【要點】

　　此式在燕子抄水以後，身體左轉，右肩前領，身體旋成
螺旋形，兩臂交叉成十字剪式，兩臂貼胸肋，身體像被繩索
捆住一樣，是練習裹縮勁。右掌向前上方甩撩，就像雞叼到
食物後，害怕食物會反傷害自己，於是將食物向空中甩去，
欲將其摔死一樣；左掌助右手臂用力，是練習展放勁。

　　【功用】

圖 3-51

　　當對方用拳向我打來時，我左掌向右肩處撥格，右掌
乘機從下撩擊敵人的襠部，並由下向上提撩一直到敵方的
小腹部直至敵人的下頦。右腳上提，可以用膝貫擊敵人的
襠部，腳踢敵人。此勢可謂上用手、肘，下用膝、腳，均
可任意打擊敵人。

【說明】

此時面向正東方。

(二)左式

　　①接前勢。身體右轉，左肩領前，右肩後抽，身體側
向東南方。左腳不動；右腳向前，落地踏實；兩腿均微微
彎曲。左掌向右肋下插去，掌心向裡，虎口在上，五指自
然叉開向肋後；右掌向左肩抓去，掌心向裡，虎口在上，
五指自然叉開。眼向東南方斜視。（圖 3-51）

②接前勢。身體左轉，面向正東方。重心在右腿上；左腿提膝上貫，成右腿獨立勢。左手向左上方甩出，手掌成鉤手形，虎口在右；右手掌向右下捋去，到胸前腹上方時，隨左手上甩到左肘彎處，用掌助左手上甩，掌心向裡，虎口在上。眼向左鉤手前方視去。（圖3–52）

圖 3–52

【要點】

做第一動時，上身要側向，兩臂抱在胸前，成交叉勢剪子股形。

【功用】

假如敵方用拳向我左面打來，我可提左膝上貫敵襠，左手甩擊敵方的下頦，同時可用左肘尖上擊敵方胸膛。

【說明】

此時仍面向正東方。

第二十三式　白蛇吐芯

(一)右式

接前勢。身體向左轉，面向東北方。左腳向右腳後撤步，落地後踏實；右腳不動；重心在左腿。同時，左手成蛇形剪手（即中、食二指伸出，其餘三指相扣）隨左腳退

圖 3-53　　　　　　　　　圖 3-53 附圖

步後抽，往後将帶，附在左肋腹部；右手用蛇形剪手向前
鑽穿出，虎口在上，手臂要直。頭頂項豎，下頦內收，閉
唇叩齒，舌頂上腭，眼向右手蛇形剪手前方視去。（圖
3-53、圖 3-53 附圖）

【要點】

右手蛇形剪手前穿時，是用肩催肘、肘催腕、腕催
指。左臂要屈臂屈肘，肘尖有後頂之勁。

【功用】

（1）敵方如想攻擊我的左肋，我退左步，閃過敵手，
乘機前穿右手，用右蛇形剪手穿擊敵方的左胸或者眼睛，
這是退中有進、閃後即打的技法。

（2）在退步的過程中，我乘機用左肘頂擊後方敵人的
胸肋處，為前後擊敵。敵用手撥格，並有上前摟抱的企
圖，我則可繼續先退步，並乘機用右手撥格敵手，屈右肘

擊打敵方。

【說明】

此時面向東北方。

(二)左式

接前勢。身體右轉，面向東南方。右腳後退一步，落地後踏實；左腳原地不動；重心在右腿。同時，右蛇形剪手隨右腳退步後抽，護在右肋腹部，蛇形剪指斜向前；左蛇形剪手從右肘下向前穿鑽出，虎口在上。頭頂項豎，下頦內收，閉唇叩齒，舌頂上腭，眼向左蛇形剪手前視去。（圖3-54）

【要點】

此勢為打中右顧、顧中右打的式子。如果對方的攻勢凌厲，勁力太大，我不要用硬碰硬的死法，而是乘機後退，讓過敵方，消耗掉敵方的攻勢，再乘機向前穿左蛇形剪手，擊打敵方，這是心意拳的巧勁。前穿左手時是肩催肘、肘催手，所以看似手打，實為肩勁。兩肩鬆沉，胯部放鬆。右肘屈肘後頂；左臂也屈臂，肘尖向外。

【功用】

（1）敵方如想攻擊撥轉我的右手，我退右步，閃過敵手，並用右手拽領敵方；然後乘機前穿左手，用左蛇形剪手前擊敵方的右胸或眼睛，這是退中有進、閃後即打的技法。

（2）在退步的過程中，我乘機用左蛇形剪手穿擊敵方時，敵方若用手撥格，並有上前摟抱的企圖，我則繼續先退步，並乘機用左手撥格敵手，用右肘穿擊敵方。

圖 3-54

圖 3-55

【說明】

此時面向東南方。

第二十四式　倒攆猴

(一)右式

①接前勢。身體向右微轉，側向南方。兩腿挺直不動，重心在兩腿之間。同時，左掌翻掌，掌心向上，虎口在左，五指叉開向前；右臂隨轉體向右向後向上畫弧，右掌成側掌，掌心向前側方，虎口在上，五指叉開向右後方；兩臂均展開成鳥翼勢。眼向右掌前方視去。（圖3-55）

圖 3-56　　　　　　　　圖 3-57

②身體左轉，面向東南方。左腿屈膝上貫；右腿挺立。兩手不動。眼隨轉體向左掌前視去。（圖 3-56）

③身體繼續左轉，面向正東方。左腿向左後方退步，落地後踏實，五趾抓地；右腳原地不動，膝部微屈。左肩後扭，左掌在前，掌心向上成托掌，虎口在左，五指叉開向前；右臂屈臂，豎肱向上，肘尖下垂，右掌向右耳旁掛去，豎掌立腕，掌心向前，虎口在裡，五指豎起向上。眼向左掌前視去。（圖 3-57）

④身體繼續左轉，面向東北方。左腳原地不動，身體重心後移至左腿；右腳隨轉體以腳掌為軸轉正，成右虛步。左掌向後抽回，屈臂屈肘，肘尖後頂，掌心向上，虎口在右，五指自然叉開向前，置左肋旁；右掌豎掌一直推向前方，高與口平，掌心向前，虎口在左，五指自然叉開向上。頭頂項豎，下頦內收，閉唇叩齒，舌頂上腭，眼往

圖 3-58

右掌前視去。（圖 3-58）

【要點】

自然界的猴子相鬥，遇到對方進攻時，首先後退，然後再向前進攻擊打。不管打到打不到對方，它會立即再後退，這樣反覆連續三次，是猴技擊靈性的特點。此式為退步倒打式，要注意後退時，一手在後，一手仍向前平刺，其勁力都要在肘部；要肩勁下沉，肘勁前挫，五指前戳。

【功用】

此式是取猴的輕靈敏捷、前探後退、打中有顧、顧中有打、先顧後打之意。我左臂平托，五指前戳，等待對方的來拳或者掌；當敵方向我進攻時，我往後牽引，右掌直穿往前擊出，直接打擊對方。轉身退步是為防對方用拳腳一齊向我進攻，因此，右掌前推的同時，左腳後退，以防對方的下部攻擊。

圖 3-59　　　　　　　　　圖 3-60

【說明】

此時面向東北方。

(二)左式

①接前勢。身體左轉，面向正北方。左臂向左後伸展，左掌心向上，虎口在後，五指自然叉開向左方；右掌翻掌，掌心向上，虎口在右，五指自然叉開向右前方。眼向右手方向視去。（圖3-59）

②身體重心後移至左腿上；右腿提膝上貫，成左腿獨立勢。兩手不動。眼向右手前方視去。（圖3-60）

③身體右轉，面向正東方。右腳向後退步，落地後五趾抓地；左腿屈膝成微弓步，五趾抓地。同時，左臂屈臂垂肘，左掌向前收回，豎掛在左耳旁，掌心向前，虎口在裡，五指自然叉開向上；右掌翻掌，掌心向上，五指叉開

圖 3-61

圖 3-62

向前成平托掌。眼向右掌前視去。（圖 3-61）

④身體繼續右轉，面向東南方。重心後移至右腿上，左腿在前成虛步。左掌一直推向前方，高與口平，掌心向前，虎口在右；右掌向後抽回，屈臂屈肘，肘尖後頂，掌心向上，虎口在右，五指自然叉開向前，置右肋旁。頭頂項豎，下頦內收，閉唇叩齒，舌頂上腭，眼往前視。（圖 3-62）

【要點】

按照拳術「有進就有退，有顧就有打」的理論，此式有進、退、顧、盼的技法在內。另外，身體的左右轉動要以腰帶動上肢。兩掌互換要有挫勁，兩肘要有切勁，手掌前推猶如前推氣球。左右向後退步，其實是在做「轉丹田」運動。

【功用】

（1）當對方用拳或者掌向我擊打過來時，我右腳退後，右掌捋對方的來手，向後拽回；同時，左掌向前推擠對方。當我後退左腳，對方又連續攻擊我的右腳時，可以乘機向對方還擊，是用腳發捲地風攻擊對方的下部迎面骨三寸處。左掌推出可以擊打敵人的胸部；右掌貼右肋，可以保護胸肋部。

（2）敵方如果想用腳踢我右腿迎面骨，我立即提起，並可乘機用右腳反擊敵人左腿迎面骨。

【說明】

此時面向東南方。

(三)右式

①接前勢。身體繼續右轉，面向正南方，重心後移。左腳不動，右腿微屈。左掌翻掌，掌心向上，虎口在左，五指自然叉開向前；右臂向後畫弧，掌心向上，虎口在右，五指自然叉開向後。眼隨左手前視去。（圖3-63）

②身體微向左轉。左腿提膝上貫；右腿支撐成右獨立勢。兩手不動。眼向左手前方視去。（圖3-64）

圖 3-63

圖 3-64　　　　　　　　　　圖 3-65

③身體左轉，面向正東方。左腿向後撤，左腳落在左後方，五趾抓地；右腿屈膝成弓步。同時，左掌後抽，掌心向上，虎口在左，五指自然叉開成托掌；右掌向前收回，掛在右耳旁，豎掌立腕，掌心向前，虎口在左，五指豎起向上。頭頂項豎，下頦內收，舌頂上腭，眼向正東方視去。（圖 3-65）

④身體繼續左轉，重心後移，面向東北方。左腿屈膝在後；右腿屈膝在前成右虛步。左手後抽，左掌心仍向上，虎口在左，五指自然叉開向前，在左肋旁；右掌向前推出，掌心向前，虎口在左，五指自然叉開向前上方。頭頂項豎，下頦內收，閉唇叩齒，舌頂上腭，眼向右掌前方視去。（圖 3-66）

【要點】

左掌後抽是由左肩後扭帶動；右掌前推是肩催肘、肘

圖 3-66   圖 3-67

催手之力。

【功用】

同（一）右式。

【說明】

此時面向東北方。

第二十五式　鷂子抓肩（左）

①接前勢。身體右轉，面向東南方。右腳尖外撇，微微屈膝；左腳向右腳旁靠去，腳尖點地成丁步。同時，左掌向右肋下抱去，掌心向裡，虎口在上；右掌向左肩尖抓去，掌心向下，虎口在左，五指自然叉開向左。頭頂項豎，下頦內收，閉唇叩齒，舌頂上腭，眼向左肩前視去。（圖 3-67）

②身體重心前移。左腳向東南方邁一步，落地後屈膝

圖 3-68

成弓步；右腳原地不動，腿部挺直成箭步。右掌抓左肩；左掌往右肋後插去，掌心向內，虎口在上，五指自然叉開；兩手臂在胸前交叉成捆綁勢。頭頂項豎，下頦內收，閉唇叩齒，舌頂上腭，眼向左前方視去。（圖 3-68）

【要點】

此式兩手要抱身，兩肘要貼肋，形成十字剪手全身捆綁勢，是心意太極拳的裏縮勁。

【功用】

如果敵人從我右後方攻來，我則向右疾轉身，右手向左肩顧去，左手向下斬擊敵手。

【說明】

此時面向東南方。

圖 3-69

圖 3-69 附圖

第二十六式　大斜飛勢

接前勢。身體左轉，面向東北方。左腳向東北方跨一步，落地後屈膝成弓步；右腿挺直成箭步。同時，左掌向左後方呈斜形運轉去，向上挑起，掌心向上，虎口在左；右掌往腹部右下方抒去，掌心向下，虎口在裡，五指自然叉開向前。頭頂項豎，下頦內收，閉唇叩齒，舌頂上腭，眼向左掌前方視去。（圖 3-69、圖 3-69 附圖）

【要點】

所謂大斜飛勢，即如鳥展翅，是心意太極拳的展放之勢。其勁法是由肩部帶動，因此左手臂要有斜掤勁，身體由縮而展，右手向下有抒絲棉之感。所謂「運勁如抽絲，兩手若撕棉」，即指此，但其用力乃是身腰的力量帶動。

119

圖 3-74　　　　　　　　　圖 3-75

右臂，用前臂陽面向前頂擊敵人；也可用右掌勾挽敵手，
前臂橫置化解敵手，並乘機向前推擠敵方。這種技法是帶
有螺旋發力的。

【說明】

此時面向正南方。

第三十一式　雄鷹展翅

接前勢。身體向左轉，面向東方。右腳以腳跟為支
點，向左轉動；左腳向東方移一步，腳前掌點地成虛步。
同時，兩臂向左右展開，像雄鷹展翅一樣，兩掌心盡量向
上向後翻，兩虎口及十指均向外。頭頂項豎，下頦內收，
閉唇叩齒，舌頂上腭，眼向正東方視去。（圖 3-75）

【要點】

此式是由合而展開的式子，氣與力都要貫到十指尖；

兩臂展開有向前圓抱之形態，胸部要提氣滿胸。注意兩肘尖有微微下垂之意；掌心盡量向後翻，是展中有束。

【功用】

不管敵方用哪手攻來，我可以兩臂向外展開，挑開敵手，這是展勁。如果敵方趁我展開時抽手，再用拳或者掌向我連擊，我一定要先縮後展，展開就合，這就正好在合的關鍵時刻，用前臂肱部向裡合擊敵方之手。

【說明】

此時面向東方。

第三十二式　摟膝拗步

①接前勢。身體右轉，側身向東方。沉左肩，屈臂托掌，掌心向上，虎口在左，五指自然叉開向前；右臂向下畫下，屈臂，肘尖向後，前臂橫托在右胸前，翻掌，掌心向下，虎口在裡，五指叉開向左。眼視左掌前方。（圖3-76）

②身體繼續右轉，面向西南方。屈左臂，翻掌，肘尖外頂，掌心向下，虎口在裡，五指自然叉開向右；右臂向西南方伸展開去，成平托掌，掌心向上。眼視右掌前方。（圖3-77）

③身體向左轉，面向東南方。右腿微屈；左腳腳跟著地，腳尖翹起。左掌向左畫去，掌心斜向下，虎口在裡，五指自然叉開斜向右；右臂屈臂垂肘，前臂肱部豎起，手掌豎在右耳旁，掌心向前，虎口在裡，五指自然叉開向上。眼視東方。（圖3-78）

④左腳向前上一步，落地後屈膝成弓步；右腳原地不

動，腿部似曲非曲，似直非直。左掌從左膝蓋前上方向外
摟過，掌心向外，虎口在裡，五指叉開向下；右手不動。
眼視東方。（圖3-79）

圖3-76

圖3-77

圖3-78

圖3-79

⑤左腳原地不動；右腿挺勁伸直成弅柱步。身體向左轉，面向正東方。左掌停在左胯旁，掌心向下，虎口在裡，五指自然叉開向前；右掌向前推出，掌心向前，虎口在左，五指自然叉開向上。頭頂項豎，下頦內收，閉唇叩齒，舌頂上腭，眼視東方。（圖 3-80）

【要點】

兩手先做畫太極陰陽魚的動作後，再左掌下沉，畫撥運轉，右掌從後向前推出，做螺旋畫弧，是太極拳的螺旋勁。不管是左手運轉還是右手畫弧，都是利用腰部的轉動，兩肩下沉，肘部催動，帶動兩手臂運動。

【功用】

如果敵方用腳向我踢來，我左手從左膝前摟，抄擊敵腳，同時，右掌向前推擠敵方胸腹部。敵人如果用拳向我打來，我右手可以前後畫弧化解來手。

【說明】

此時面向正東方。

第三十三式　上步撇身捶

接前勢。身體重心前移。左腳原地不動，腿部微屈，膝前頂；右腳向東南方上一步，超過左腳，落地後全腳掌著地，腳心含空。同時，右掌握拳，向右翻腕，再向下砸下，拳心朝上，拳眼向右；左掌護在左腹旁，掌心向下，虎口在內，五指自然叉開向右。頭頂項豎，下頦內收，閉唇叩齒，舌頂上腭，眼隨右拳前視。（圖 3-81）

【要點】

太極拳有五捶，此式是之一也。所謂撇身捶者，身體

圖 3-80　　　　　　　　圖 3-81

要旋轉，手腳要齊動，翻捶、壓腕、斜踢腳三者合一。右
腳前蹬、右拳翻拳撇出、左掌下按要同時進行，這也是拳
術要求的「五到」，即手到、腳到、身到、眼到、意到。
右腳前進步時不是直進直退，而是腳向裡再向外，帶有畫
弧的運動路線前進的，可以避開敵人用腳乘機向我進擊。
在向前翻掌握拳前擊時，上身要保持中正中和，鬆肩鬆
胯，襠部要合。手臂動作要肩沉、肘垂。

【功用】

敵方如果抓我右手，我向後翻腕閃過。如果抓我衣
領，我上右步，提腳截踢；同時，用手腕反壓敵手，並乘
機用拳向前刺擊敵方的胸膛。

【說明】

此時面向東南方。

圖 3-82　　　　　　　　　　圖 3-83

124

第三十四式　進步搬攔捶

①接前勢。右腳原地不動；左腳向前上一步，超過右腳。同時，左掌往上架起，掌心向下，虎口在裡，五指自然叉開向右；右拳往後抽，拳眼向上，拳面向前。頭頂項豎，下頦內收，閉唇叩齒，舌頂上腭，眼向右拳前視去。（圖 3-82）

②左掌向前推格；右拳抽回。身體向後，左掌右拳一齊到胸前。身體再向前移；左掌向前推出，掌心向右，虎口在裡，五指自然叉開向上；右拳向前打出，拳眼向上，拳面向前，與左掌相齊。眼視正東方。（圖 3-83）

【要點】

所謂搬攔捶者，有搬開敵手、攔出門外之意。此勢要柔活肩胯，堅實脊柱。運轉時要靈活、輕靈，但站立要穩

當，其腿如樁立。手腳齊動，上下相隨，均由腰胯帶動。在動作的轉換中，身體要保持正直，鬆靜圓滿，做到以意領氣，丹田呼吸。在做搬和攔時，兩手不能離開身體太遠，盡量做到肘不離肋。此勢全身要合，要有輕靈勁，要鬆肩鬆胯，丹田前射，襠部扣合，重心在兩腿之間。

【功用】

敵方如果抓我右拳或者右腕，我左掌向上架開，往左翻格，右拳向前鑽擊敵人。這種鑽擊是右拳從上往下，直往敵方的胸部擊去，因為一手格開，一手前擊，故名為搬攔捶。

【說明】

此時面向正東方。

第三十五式　如封似閉

①接前勢。身體微向後坐，重心在右腿上。左腳成虛步；右腿稍微彎曲，似屈非屈，似直非直。右拳回抽，到右胸前成豎掌，掌心向前，虎口在左，五指豎起向上；左掌往左抽回到左胸前，屈臂垂肘，立腕豎掌，掌心向前，虎口在右，五指豎起向上；兩掌有合併之勢，由胸前一起向前推擠，成兩掌交叉之勢。頭頂項豎，下頦內收，閉唇叩齒，舌頂上腭，眼向正東方視去。（圖 3-84）

②身體不動。兩掌一齊回抽；左掌到左胸前成豎掌，掌心向前，虎口在裡，五指自然叉開向上；右掌到右胸前，掌心向前，虎口在裡，五指自然叉開向上方；兩掌高低保持一致。頭頂項豎，下頦內收，閉唇叩齒，舌頂上腭，眼向正東方視去。（圖 3-85）

圖 3-84　　　　　　　　圖 3-85

【要點】

所謂封閉者，一者可以封鎖敵人的來手，二者可以擊打敵人。此式兩肩要扣，胸部要含，兩肘要裹要垂，肘尖不可外頂，兩前臂要抱，兩手有合勁。雙掌向前時是沉肩之勁，要肩催肘、肘催手，意到氣到，力貫十指，是勁發到梢也。

【功用】

如果敵方抓我手腕，我左手從右手腕下穿過，右掌往右後捋帶，封住自己的門戶，使自己處於不被敵方擊打的最佳方位，並乘機用雙掌向前猛擊敵方的胸部。

【說明】

此時面向正東方。

第三十六式　十字手

①接前勢。身體向右轉。左腳以腳跟為支點，腳前掌向右磨；右腳也以腳跟為支點，腳掌向右磨；兩腳尖均內

圖 3-86　　　　　　　　　圖 3-87

扣，腿部微屈成半馬步。左掌向右腮旁抱去，掌心向內，
虎口在上，五指叉開向右斜上方；右掌往左前臂外抱去，
掌心向內，虎口在上，五指自然叉開斜向左上方；兩臂交
叉成十字剪手式。（圖 3-86）。

　　②身體不動。兩臂向兩邊分開；左掌向左向上向外
畫，高與左肩相齊，掌心向前，虎口在裡，五指自然叉開
向上；右掌向右向上向外畫，高與右肩相齊，掌心向前，
虎口在裡，五指自然叉開向上。眼視南方。（圖 3-87）

　　③身體慢慢下蹲，兩腿盡量彎曲，如騎馬勢。兩掌翻
掌，掌心向內，虎口在前，十指自然叉開向前下方；兩手
向下往中間摟抱，一直到兩膝蓋旁，如抱一大氣球。頭頂
項豎，下頦內收，閉唇叩齒，舌頂上腭，眼從兩掌間前
視。（圖 3-88）

圖 3-88

圖 3-89

④兩腿往上慢慢站起，微屈成馬襠步。兩手掌從身體兩側向上抱起，高與胸齊；左掌叉向右胸前，在右前臂內；右掌叉向左胸前，在左前臂外；兩前臂交叉，掌心向上，虎口在前，十指向外。（圖 3-89）

⑤兩腳站立姿勢不變。兩掌向外分開；左掌向左畫圓，到左肩前翻掌，掌心向下，虎口在裡；右掌向右畫圓，到右肩前翻掌，掌心向下，虎口在裡；兩掌向下按下，一直到丹田小腹前上方；十指微相對，成按浮勢；雙手如同按住一個大球，如水中按瓢一樣。眼向正前方視去。（圖 3-90）

⑥左腳向右腳靠去，成併步式。兩手向外往上畫一大圓弧，兩手掌向上托起，一直托到兩肩旁。（圖 3-91）

⑦兩掌往兩胯按下，左掌貼左胯，右掌貼右胯；掌心向裡，虎口在前，十指自然叉開向下。頭頂項豎，下頦內

圖 3-90

圖 3-91

收，閉唇叩齒，舌頂上腭，
眼先往兩旁掃視，然後再正
視前方。（圖 3-92）

【要點】

　　運動時一定要緩慢、舒
鬆，使氣慢慢地、均勻地由
身體中丹田送到下丹田。兩
臂相交成十字剪手時，手在
胸前不能過高。兩手從外向
裡收攏，意在丹田抱氣。身
體上起時是兩膝上挺之力，
雙掌上捧，頭帶領全身。頭

圖 3-92

要上頂，腰部鬆沉直立，是練習腿力、腰力、臂力的最好
式子。整個動作要剛柔相濟，鬆靜自然，不可用僵力、蠻

力。收式還原，要靜心靜氣，心態平和，調勻氣息，回歸原狀。

【功用】

如果右面來敵，我身體右轉，如猛虎回頭，兩眼有威，虎視敵方；右手從下往上，向外撩擊敵方；兩掌相抱向上有夾擊敵方的作用。但是，此式為收勢，不注重攻防技擊，多用於保健和養生。古人曰：技擊，末技也。武術不是不講實戰和技擊，而是實戰和養生併重。像此式已經到了收勢的時候，就是有人乘機偷擊我，我也不還擊了。當然，如果真被敵方擊中怎麼辦？一般情況是不會的，因為收式時與敵站立的距離拉開了。而且，心意拳是你不動、我不動，你如動、我先動。因此，在別人看來，我已不動，對方再動，必然失之於理了。

【說明】

此時還原成面向南方。

第三十七式　渾身抖擻

收式還原以後要放鬆。全身抖動 9 次，感到無限輕鬆愉快時結束。這樣可以調節全身的神經、氣血，達到放鬆肢體、調和氣血、均衡陰陽、疏通經絡的作用。

第四章 心意養生功

心意養生功是中華養生中的古典上乘功法，陰陽互補，內外兼修，內功中的內修、內練、內養、內保內容非常豐富。此功法不但可以強身健體，而且能夠開發人的智慧，開啟人類的潛能，實現人類的最高願望——健康長壽。

心意養生功是以舒展、開合、緩慢、鬆柔等特點作為功法動作的基本要求。「一陰一陽之謂道」，心意養生功也是由調整陰陽、舒經活血以達到「陰平陽秘，精神乃治」的目的。所以，心意養生功要掌握意與氣、形與神、虛與實、開與合、剛與柔、動與靜等等之間的關係，提高練功質量，做到養生健體與健康長壽相結合。

心意養生功是以陰陽五行學說作為理論基礎的。功法中含有金、木、水、火、土五行的內涵，故有「五圓旋轉法」以及五種步法，即進、退、顧、盼、定。其行走轉圈的方位含有乾、坤、坎、離、巽、震、兌、艮八卦，就是心意太極拳的掤、捋、擠、按、採、挒、肘、靠八種手法，其中掤、捋、擠、按即坎、離、震、兌四正方，而採、挒、肘、靠則是乾、坤、艮、巽四斜方；以及東、西、南、北、東北、東南、西北、西南八個方向在內。

心意養生功是養生保健的上乘功法，其旋法就是螺旋勁和纏絲勁。人的全身有五部旋轉法：頭部旋轉法、手臂

部旋轉法、身體旋轉法、下肢旋轉法和全身整體旋轉法。

第一節　心意養生功的五圓練習

心意拳有五圓六方，心意養生功法也有五圓：正圓、平圓、立圓、斜圓、錐圓。五圓，若是用單手，則為纏絲；若是用雙手，則兩圓相接乃一連環也。所謂連環，即循環不斷的意思，故有「太極者，其環無端」的說法。心意養生功的無限轉圈畫圓正好就形成了它的螺旋勁和纏絲勁，因此，五圓的練習，對於心意養生功非常重要。

一、正圓練法

所謂正圓練法，是指練習者用單手或者雙手在身體前面做正圓運動的練習方法。正圓是左右、上下的畫圓。

(一)單手練法

1.右手畫圓

平心靜氣，凝神致虛；兩腳站立同肩寬。

右手掌由胸前中心起點開始，掌心向前，虎口向左，五指自然叉開向上。然後，向左→向上→向右→向下→回到起點，為一周，在身體前面畫圓。這樣畫出的圓，就是

圖 4-1

正圓，其方向是順時針方向。（圖 4-1 至圖 4-5）

圖 4-2

圖 4-3

圖 4-4

圖 4-5

2.左手畫圓

站立同前。左手掌由
胸前中心起點開始，掌心
向前，虎口向右，五指自
然叉開向上。然後，向
右→向上→向左→向下→
回到起點，為一周，在身
體前面畫圓。這樣畫圓與
右手畫圓的方向相反，即
逆時針方向。（圖4-6至
圖4-10）

圖4-6

圖4-7

圖4-8

圖 4-9

圖 4-10

(二)雙手練法

1. 右畫圓

站立同前。雙手豎掌，掌心均向前，虎口相對，十指自然叉開向上。然後，向左→向上→向右→向下→回到起點，在身體前面畫一大圓。畫圓的方向同右手畫圓的方向相同，即順時針方向。
（圖 4-11 至圖 4-15）

圖 4-11

圖 4-12

圖 4-13

圖 4-14

圖 4-15

2. 左畫圓

站立同前。雙手豎掌，掌心均向前，虎口相對，十指自然叉開向上。然後，向右→向上→向左→向下→回到起點，在身體前面畫一大圓。畫圓的方向同左手畫圓的方向相同，即逆時針方向。（圖4-16至圖4-20）

圖4-16

圖4-17

圖4-18

圖 4-19　　　　　　　　　　　圖 4-20

138

二、平圓練法

所謂平圓練法，是指練
習者用單手或者雙手在自身
的前後、左右平行畫圓的練
習方法。

(一) 單手練法

1. 右手畫圓

立正站立；開左腳向左
一步，兩腳站立與肩同寬。
右手掌心向下，虎口向左，

圖 4-21

五指自然叉開向前；左手掌心向內，虎口卡在左腰際。然
後，右手向左→向前→向右→回到起點，為一周，在身體

前面畫圓。這樣所畫的圓就是平圓，按照順時針方向。
（圖 4-21 至圖 4-25）

圖 4-22

圖 4-23

圖 4-24

圖 4-25

2. 左手畫圓

站立同前。左手掌心向下，虎口在右，五指自然叉開向前；右手掌心向內，虎口卡在右腰際。然後，左手向右→向前→向左→回到起點，為一周，在身體前面畫圓。這樣畫圓是按照逆時針方向。（圖4-26至圖4-30）

圖 4-26

圖 4-27

圖 4-28

圖 4-29

圖 4-30

（二）雙手練法

1. 右畫圓

站立同前。雙手掌心向下，虎口相對，十指自然叉開向前。然後，雙手向左→向前→向右→回到起點，在身體前面畫一大圓。運動方向與右手畫圓方向相同，是順時針方向。（圖 4-31 至圖 4-35）

圖 4-31

142

圖 4-32

圖 4-33

圖 4-34

圖 4-35

2. 左畫圓

站立同前。雙手掌心向下，虎口相對，十指自然叉開向前。然後，雙手向右→向前→向左→回到起點，在身體前面畫一大圓。運動方向與左手畫圓方向相同，是逆時針方向。（圖 4-36 至圖 4-40）

圖 4-36

圖 4-37

圖 4-38

圖 4-39　　　　　　　　　圖 4-40

三、立圓練法

所謂立圓練法，是指練習者的肢體做前後上下的圓力運動或者是指練習者用手臂在自己身體的兩邊做前後上下畫圓運動。

1. 右手畫圓

立正站立；開左腳向左一步，站立與肩同寬。右掌心向左，虎口在裡，五指自然叉開。

然後，右手掌向上→向前→向下→回到起點，在身體的右側畫一圓圈，這種畫圓是逆時針方向。（圖 4-41 至圖 4-44）

2. 左手畫圓

站立同前。左掌心向右，虎口在裡，五指自然叉開。

圖 4-41

圖 4-42

圖 4-43

圖 4-44

然後，左手掌向上→向前→向下→回到起點，在身體
的左側畫一圓圈，這種畫圓是順時針方向。（圖4-45至圖
4-48）

圖 4-45

圖 4-46

圖 4-47

圖 4-48

【說明】

此圓不做雙手練法。

四、斜圓練法

斜圓練法是指練習者用手在身體側面畫圓的練習方法。斜圓分左右；右手在身體左側面畫的圓，為左斜圓；左手在身體右側面畫的圓，為右斜圓。

1. 右手畫圓

立正站立；開左腳向左一步，站立與肩同寬。右掌心向左，虎口在上，五指自然叉開向前。

然後，右手向上偏於左側→向下→回到起點，在身體前側面畫一圓圈，所畫的圓是為左斜圓，運動方向是逆時針方向。（圖 4-49 至圖 4-52）

圖 4-49

圖 4-50

圖 4-51

圖 4-52

2. 左手畫圓

站立同前。左掌心向右，虎口在上，五指叉開向前。

然後，左手向上偏於右側→向下→回到起點，在身體前側面畫一圓圈，所畫的圓是為右斜圓，運動方向是順時針方向。（圖 4-53 至圖 4-56）

五、錐圓練法

所謂錐圓練法，是整個身體的練習方法。在外是利用身體的旋轉做外圓練習；在內則是以脊椎做內裡旋轉的錐形運動。

圖 4-53

圖 4-54

圖 4-55

圖 4-56

1. 正旋

兩腳站立同肩寬；頭部上頂，肩部要鬆，兩臂下垂，兩掌掌心向內，十指相對，抱在胸前。身體整體向左→向前→向右→回到起點，按順時針方向畫圓，不計次數。意念從丹田處引領，一直旋到高空接天處；不能再高時，從上往下旋下，一直旋到入地三尺深處；然後吸地氣，從地下三尺處往上，一直旋到原丹田起始處。是為一周，是順時針方向旋轉。（圖4–57至圖4–61）

圖 4–57

圖 4–58

圖 4–59

圖 4-60　　　　　　　　　圖 4-61

2. 反旋

站法同前。身體整體向
右→向前→向左→向後，按
逆時針方向畫圓。意念從丹
田處引領，一直畫圓旋轉到
天空不能再高處，按原方向
從上往下旋轉，一直到腹部
丹田部位；再入地三尺，接
吸地氣，從地下三尺處往上
旋到原起始處，是逆時針方
向旋轉。（圖 4-62 至圖
4-66）

圖 4-62

152

圖 4-63

圖 4-64

圖 4-65

圖 4-66

【說明】

錐圓從外形來講，是一種立體螺旋，是整個身體的畫圓運動。從練功者的腹部丹田處意念引導畫圓，圓的直徑（胯部）是大的，隨著往上旋轉，越往上直徑越小，當畫到天空時呈圓錐狀。然後，從上往下旋轉畫圓時，是由小到大。接著，從腹部丹田處往下畫圓，丹田處圓的直徑最大，越往下直徑越小，到入地三尺時，形成圓錐狀。然後，再從地下往上畫圓時，直徑越來越大。這樣，上下所畫的圓是中間大、兩頭尖的圓錐體，故稱之為錐圓練習。

如果從練功者的內裡來看，它是體內氣的上升或者下降，陰氣上升而為陽，陽氣下降而為陰，陰陽交流，二氣渾圓，可以達到陰陽和諧、均衡的目的，是練習「天人合一」的最好的功法。

心意拳《經筋貫氣法》的理論「左氣在右，要入左；右氣在左，要入右的」，實際上是指導心意養生功的運氣路線，也是心意養生功的螺旋發力和纏絲勁的練習。

第二節　心意養生功的五部功法

第一部　頭部旋轉法

一、旋轉印堂穴

立正而站。然後，開左腳向左一步，兩腳站立同肩寬。兩臂垂下，肩部放鬆。

先進行調息；等呼吸均勻以後，再做旋轉印堂穴功

法。旋轉時，以意念為主，意想以眉間印堂穴為圓的中心，先按順時針方向正轉，計 36 圈；然後再按逆時針方向倒轉，計 32 圈。

【要點】

此式是意念的螺旋。許多人很注重印堂穴的修練，因為它是上丹田的所在。上丹田是藏神的地方，是練神還虛的關要。修練此處可以使練功者的頭腦清醒，使人保持冷靜的狀態。另外，如果是修練此處日久有功者，激發了潛能，可以打開「天眼」，即佛家所謂的「天眼通」。按照道家的學說，練習此處可以在印堂遠處有一亮點，即亮珠。練功者只有印堂出現了亮珠，才能得神。

【功用】

練習此處，可以「練神還虛」，達到清醒頭腦、增聰益智的作用。

【說明】

站式、坐式、臥式均可練功。

【注意】

用意念旋轉印堂穴時要特別注意，患有高血壓的人不要強行在此處做意念旋轉，以防高血壓病加重，可以等血壓正常以後再練此處。

二、旋轉地閣

1. 右手練法

立正站立。然後，開左腳向左一步，兩腳站立與肩同寬。右掌心向內，右手用劍訣指（即大拇指壓住無名指、小指，食指、中指相併伸出）按住地閣處的承漿穴處，按

順時針方向轉 36 次，中指用力，食指輔助。稍為休息後，再按逆時針方向倒轉 32 次。正、逆轉動完畢後，用中指用力向穴道按壓 36 次；往內按壓時吸氣，往外鬆開時呼氣。（圖 4–67）

2. 左手練法

站立同前。用左手劍訣指按住地閣處的承漿穴處，按逆時針方向旋轉 36 次，中指用力，食指輔助。稍為休息後，再按順時針方向正轉 32 次。逆、正轉動完畢後，用中指用力向穴道按壓 36 次；往內旋按壓時吸氣，往外鬆開時呼氣。（圖 4–68）

【要點】

虛靈頂勁，鬆肩鬆膀，兩臂屈臂垂肘。練習時要用中指指肚壓在兩下齒中間的齒縫旋轉，到一定數量後，再進行按壓。

圖 4–67　　　　　　　　　圖 4–68

【功用】

人的地閣（承漿穴）上與天庭相應而為腎位，腎為水，故按壓揉動此處可以揉按牙齦，鞏固牙齒，生津消渴，並能防治因糖尿病而引起的口乾舌燥。

【說明】

這個動作，在心意養生功中也叫「地翻天」，實際上就是按壓和旋揉牙齦，啟動任脈。

第二部　手臂部旋轉法

一、旋轉肩部

肩部的旋轉是做前後旋轉運動，左右對稱，一順一逆而帶動全身運動。

立正站立。然後，開左腳向左一步，與肩同寬。身體保持中正中和，不偏不倚。然後，左肩向前→向下→向後→回到起點，為左逆旋；同時，右肩向後→向上→向前→回到起點，是為順旋。意念在兩肩肩井穴處，要兩肩一齊轉動，互為順逆，計 36 次或者 72 次。（圖 4-69 至圖 4-73）

【要點】

兩肩是向前向後的旋

圖 4-69

轉，為立圓運動，但兩肩要有一上一下的感覺，就像兩手
划槳動作。

圖 4-70

圖 4-71

圖 4-72

圖 4-73

【功用】

肩部是手臂三節之根部，而心意拳素有肩催肘、肘催手的理論，因此，旋轉肩部，是調動肩部的氣機，用肩部的氣血活動來調節人身的陰陽互補，以達到兩臂伸縮自如、健壯有力的目的。從保健的角度來看，人體的手三陰經和手三陽經都要通過這裡，所以，常練此處可以舒經活血從而達到健康保健的作用。

【說明】

也有人稱此功法為「回春功」，可見練習此功有返還周天的作用。

二、旋轉手部

1. 右手練法

立正站立；開左腳向左一步，兩腳站立距離比肩稍寬。右掌自右胯處上舉，手臂向前挺直，豎腕立掌，掌高與胸齊，掌心向前，虎口在左，五指自然叉開向上。左掌心向內，虎口卡在左胯上，大拇指在後，其餘四指向前下方。

然後，右掌向上→向右→向下→回到起始點，為一圈，按順時針方向，可以畫 36 圈或者 72 圈。（圖 4-74 至圖 4-77）

2. 左手練法

站立同前。左掌自左胯處上舉，手臂向前挺直，豎腕立掌，掌高於胸齊，掌心向前，虎口在右，五指自然叉開向上。右掌心向內，虎口卡在右胯上，大拇指在後，其餘四指向前下方。

圖 4-74

圖 4-75

圖 4-76

圖 4-77

然後，左掌向上→向左→向下→回到起始點，為一圈，按逆時針方向，可以畫 36 圈或者 72 圈。（圖 4–78 至圖 4–81）

圖 4–78

圖 4–79

圖 4–80

圖 4–81

【要點】

手部螺旋有兩種：從內往外的旋法，即順纏絲，其用勁均為掤勁；從外往內的旋法，即逆纏絲，其用勁均為捋勁。此式雖為掌旋轉，但實際上是肩部帶動手掌，因此，有肩催肘、肘催手的作用。

【功用】

手掌中有勞宮穴，是身體對外發氣的重要穴位，也是人體從天地宇宙中吸收外氣的重要部位，練習此式，不但可以靈活手臂，還可以健腦壯體。人的手部有三陽經和三陰經，旋轉手掌可以活動這些經絡，由此調節人的五臟六腑。

【說明】

為了身體內外勁力的對稱，也就是陰陽能夠起到互補的作用，因此，練完右掌再練習左掌，方法、運動路線均相同。

第三部　身體旋轉法

一、旋轉膻中（胸部）

1. 左掌在裡

立正而站。然後，開左腳向左一步，兩腳站立與肩同寬。兩臂屈臂垂肘；左掌按在兩乳中間的膻中穴上，掌心向內，虎口在上，五指叉開向右；右掌附壓在左掌上，兩掌相疊，右掌心向內，虎口在上，五指叉開向左。

然後，兩掌一齊向下→向右→向上→回到起點，在胸部旋轉畫圓，先由內向外、由小到大，然後再由外向內、

圖 4-82   圖 4-83

由大到小，計 36 圈或者 72 圈。（圖 4-82）

2. 右掌在裡

站立同前。右掌按在兩乳中間的膻中穴上，掌心向內，虎口在上，五指自然叉開向左；左掌壓在右掌上，兩掌相疊，左掌心向內，虎口在上，五指叉開向右。

然後，兩掌一齊向下→向左→向上→回到起點，在胸部旋轉畫圓，先由內而外、由小到大，然後再由外向內、由大到小，計 36 圈或者 72 圈。（圖 4-83）

【要點】

兩掌要貼肉，但不能按壓太緊；旋轉時，注意以意行氣；轉圈時，速度要緩慢、輕柔，不能用力太大。

【功用】

人的胸部有中丹田膻中穴，是「練氣還神」的部位；還有肺，乃五臟之革，肺動而內臟皆不能靜，所以《拳

譜》說：「肺動成雷聲。」

另外，兩乳之中左為心，下有胃；兩肋間左為脾，右為肝。人類的五臟中，腎為先天之本，胃為後天之本。人飽飢不均，寒熱不勻，胃部就易生病，胃一有病，腸道也會發生病變，其他內臟器官跟著病變。故常揉按此處，可以開胸順氣，健胃消食，腸胃功能保持正常；還可以扶肝益脾，輔助治療糖尿病。

有的時候，人因為久坐或者久站傷耗中氣，有頭昏眼花、周身酸痛、精神渙散的感覺，適當對胸部進行旋轉按摩，會使局部氣血由於外力的推按而逐漸通暢；並且，通過對膻中穴的旋揉，可以使肺氣得到鍛鍊，而傳輸到全身，人的疲勞感就會消失。此外，人的胸部有胸腺，是人類免疫系統組織之一，施行旋揉胸部，可以激活胸腺的分泌，從而增強人的免疫功能，起到抗衰老、抗感染、防止病痛的作用。

【說明】

人的中丹田膻中穴，既是任脈必走的主要幹道，又是藏氣的地方，是氣從胸走兩臂的必經之地，因此，練習旋轉此穴對人體有莫大的好處。

二、旋轉丹田（腹部）

1. 左掌在裡

立正而站。然後，開左腳向左一步，兩腳站立與肩同寬。屈兩臂，肘尖向外，兩掌相抱；左掌貼在腹下氣海穴，掌心向內，虎口在上，五指叉開向右；右掌貼在左掌上，掌心向內，虎口在上，五指叉開向左；兩掌相疊，左

163

圖 4-84　　　　　　　　　　圖 4-85

掌在裡，右掌在外。然後，兩掌一齊旋轉揉壓腹部，先自左向右按順時針方向轉 36 次或者 72 次，再自右向左按逆時針方向回轉 32 次或者 64 次。（圖 4-84）

2. 右掌在裡

站立同前。屈兩臂，肘尖向外，兩掌相抱；右掌貼在腹下氣海穴，掌心向內，虎口在上，五指自然叉開向左；左掌貼在右掌上，掌心向內，虎口在上，五指自然叉開向右，兩掌相疊，右掌在裡，左掌在外。然後，兩掌一齊旋轉揉壓腹部，先自右向左按逆時針轉 32 次或者 64 次，再自左向右按順時針方向回轉 36 次或者 72 次。（圖 4-85）

【要點】

在做丹田旋轉運動時，兩掌只是輕輕地附在丹田部位，不要按壓太緊；旋轉的圓圈不能太大；旋轉是由意念引導，意領氣行，還要注意配合呼吸。

【功用】

腹部是人攝取飲食營養的地方，老年人容易脾胃虛弱，腸蠕動不足，出現消化吸收不好，甚至便秘的現象。通過對腹部丹田進行旋轉揉壓，會使這些現象得到改善。

【說明】

丹田是人養精蓄銳的地方，常練此處可以「練精化氣」，特別是練習內家拳的人認為丹田是培丹復元、增功健身的寶庫。《拳譜》中說到：「精養靈根，氣養神原。」又說：「精養靈根氣養神，元陽不走俱為真；丹田養就千日寶，萬兩黃金不與人。」

165

三、旋轉腰脊

選擇一棵比較挺直的樹，背對樹身而站，脊背靠在樹身上。（圖 4-86）

圖 4-86

先順轉。身體向左→向上→向右→回到起點，為一圈，是按順時針方向進行旋轉，計 36 圈或者 72 圈。（圖 4-87 至圖 4-91）

圖 4-87

圖 4-88

圖 4-89

圖 4-90

再逆轉。身體向右→向上→向左→回到起點，為一圈，是按逆時針方向進行旋轉，計 32 圈或者 64 圈（圖4-92 至圖 4-95）。

圖 4-91

圖 4-92

圖 4-93

圖 4-94

圖 4-95

【要點】

練功者的腰脊一定要對準樹身；旋轉時，身體不能離開樹身。

【功用】

人的背部有督脈，是人身的陽脈，可以起到統領全身之陽、行氣活氣、均衡陰陽的作用。人的脊柱兩旁有足太陽膀胱經，它和五腑六臟有著密切的關係。對腰脊進行旋揉，可以激發和增強經絡行氣活血的功能，促進氣血交流，使氣血通暢，調和腑臟。人的背部皮下有大量功能很強的免疫細胞，平時這些細胞處於安靜的沉睡狀態，施行背部的旋揉，可以激活這些免疫細胞，使其真正發揮免疫的功能。旋轉腰脊，還可以使人體的陽氣上升以通達腦部，使練功者增聰益智，開發人體的潛能。

【說明】

有的樹身不乾淨，可以準備一塊布，用繩拴在樹身上，高度正好與練功者的脊背一致，然後用背靠在布上進行旋轉，這樣不會損傷衣服和練功者的皮膚。

一般情況下，練習此式，可以先兩腳站立同肩寬，這樣穩定性強。等練習一段時間，功力能達到一定程度以後，可以兩腳併立，練法相同。

169

四、旋轉會陰

會陰在人的海底部位，是人體行氣的關鍵部位。旋轉此處主要是用意念引領，但也可以用身體的胯部引導。先順轉。氣向左→向前→向右→回到起點，為一圈，按順時針方向轉 36 圈。然後逆轉。氣向右→向前→向左→回到起點，為一圈，按逆時針方向轉 32 圈。

如果是小周天，氣從此處往後向上進入督脈，直通夾脊、玉枕、百會，最後入腦。

【要點】

會陰的旋轉，是意念的旋轉，是以意領氣、意領氣行的畫圓運動。

【功用】

人的會陰是海底陰陽兩氣循環交替的地方，陰氣從會陰入背後的督脈，上升而進入腦部，因此，練好此處可以通任接督、陰陽渾圓。人體陰陽平衡就會健康，所以，此處雖然比較難練，但還是要在這裡多下工夫。

【說明】

會陰是大、小周天交會的關鍵部位。如練小周天，可

以從會陰過夾脊而引氣上升，使氣沿督脈上行；如練大周天，則引氣從會陰而下過胯部環跳穴下行直到腳部湧泉穴。

第四部　下肢旋轉法

一、旋轉胯部

練法同肩部，為左逆右順。旋轉時，左胯以環跳穴為中心，向前→向下→向後→回到起點，按逆時針方向旋轉畫圓；同時，右胯以環跳穴為中心，向後→向上→向前→回到起點，按順時針方向旋轉畫圓。兩胯共旋轉 36 圈或者 72 圈。（圖 4-96 至圖 4-100）

【要點】

胯部的旋轉，是對稱性的上下運動，一前一後、一齊旋轉的，左胯向上轉時，右胯正好向下，左胯是逆時針方向，而右胯是順時針方向。兩胯一定要同時旋轉，不得有先後，要意守環跳穴。

【功用】

人體的胯部是胯骨所在的地方，是支撐人體骨架的主要部位，胯部的環跳穴是身體下部藏氣儲氣的重要穴位，因此，鍛鍊此處有很重

圖 4-96

要的作用。另外，人的走動、跳躍、旋轉都要靠胯部支持，所謂胯催膝、膝催足就是這個意思，因此，練好胯部很重要。

圖 4–97

圖 4–99

圖 4–98

圖 4–100

【說明】

《拳譜》中說：「胯打幾處人不明，好似猛虎出了籠。」可以看出練好胯部的重要性。

二、旋轉膝部

全身成半下蹲勢，兩膝相併，兩掌一齊按在膝蓋上，掌心向內，虎口相對，十指向下。先順轉。兩膝一齊向左→向前→向右→回到起點，按順時針方向旋轉，計 36 圈或者 72 圈。（圖 4-101 至圖 4-105）

圖 4-101

圖 4-102

圖 4-103

圖 4-104

圖 4-105

　　然後再逆轉。兩膝一齊向右→向前→向左→回到起點，按逆時針方向旋轉，計 36 圈或者 72 圈。（圖 4-106至圖 4-109）

圖 4-106

圖 4-107

圖 4-108　　　　　　　　　　圖 4-109

【要點】

注意轉圈不能太大。

【功用】

膝部是下肢的關鍵，是支持人體的重要部位。另外，人老多從腿上老，而腿上老大多數先從膝蓋開始。有很多人膝蓋骨質增生，膝關節骨膜老化，都是平時沒有注意對膝部進行鍛鍊所致。旋轉膝部就是針對老人膝關節老化或者病變的功法。另外，膝部的下面有足三里穴，它是人身三大保健穴道之一，常按壓旋揉此處，可以鬆筋鬆骨，調理氣血，起到排毒去淤、均衡陰陽的作用。

【注意】

膝部是人容易衰老的部位，人老年以後有拄拐杖的習慣，說明膝部已經衰老。因此，平時加強對膝部的旋轉鍛鍊，是保持身體健康的重要方法。

四、旋轉湧泉

兩腳站立同肩寬，兩腳掌著地，十趾抓地，足心內含。

左腳以湧泉穴為中心，意念向前→向左→向腳後跟→回到起點，為一圈，是逆時針方向，計 36 圈或者 72 圈；同時，右腳也以湧泉穴為中心，意念向前→向右→向腳後跟→回到起點，為一圈，是順時針方向，計 36 圈或者 72 圈。

【要點】

旋轉湧泉穴是以意念為主導，以意練氣；旋轉要同時，不得有先後。

【功用】

中醫認為：湧泉穴是主降一切的穴位，可以使人的濁氣下降，清氣上升，因此，經常旋轉按摩它，可以補腎益精，強身健體，防止早衰，並且可以舒肝明目，定心清喉，促進睡眠，增進食慾，還對眩暈、失眠、咯血、鼻塞、頭痛有一定的療效。腳離心臟最遠，位置最低，容易出現供血不足以及靜脈血回流障礙。心意拳的鍛鍊要求「腳心往上，頂心往下，手心向回」，對湧泉穴進行旋轉按摩，可以使氣血很容易到達腳底。

【說明】

練完此式後可以坐下，兩手按在湧泉穴上，用手指按摩。這是一種輔助功法，對於意念不容易集中的人有很好的療效。手指畫圓的方向與意念旋轉的路線相同。

第五部　全身整體旋轉法

立正而站，兩腳站立同肩寬；雙掌合十，立在胸部膻

中穴處，掌心相貼，虎口在裡，十指均向上。先順旋。身體向左→向前→向右→回到起點，一直往上旋轉，高到不能再高時，再往回旋轉，一直向下，到入地三尺，再往上回旋到原起始處。（圖 4-110 至圖 4-114）

圖 4-110

圖 4-111

圖 4-112

圖 4-113

圖 4-114

圖 4-115

　　然後逆旋。身體向右→向前→向左→回到起點，一直向上旋轉，也是一直到天空入雲處，高到不能再高時往回旋轉，向下一直到入地三尺，不能再下時回旋到原起始處。（圖 4-115 至圖 4-118）這樣做整體的螺旋運動，就像一個陀螺，旋轉路線為橢圓形。

圖 4-116

圖 4-117   圖 4-118

【要點】

練習此功的人，如果身體正常，可以兩腳相併，採取立正姿勢。如果身體站立不穩，可以採取兩腳分開站立同肩寬的姿勢，等練到一定時間，功力能達到一定程度後，再兩腳併立。

【功用】

全身整體的運動，首先要全身合一，心意相合，才能練好。腰脊的前面是肚臍，後面是命門穴，還有夾脊，因此，全身整體旋轉可以節節貫穿，帶動全身，增強大腦中樞神經系統、消化系統、呼吸系統和循環系統的機能活動。這樣，練功者的各種機能都動起來，身體必然會健康。這種旋轉，從腳到各部關節，從內到外都參與運動，能促進新陳代謝，達到保健強身、防病治病的目的。

【說明】

其實，人不管胖瘦，從上往下視，都是一個解剖圓。從圓的角度來看，與地球、月亮、太陽等星球沒有什麼大的不同，因此，要想達到「天人合一」，必須與天地宇宙相和。全身整體旋轉，與地球同步。右旋與地球相逆，但與太陽相順同步。

五部旋轉功法完成以後，要做全身抖擻運動，最後結束。

附錄一
心意太極拳練習者如何對待性生活

　　心意太極拳是順應自然、調和陰陽的好拳術，因此，我們平時要注意科學地學練它。現在就大家在練功中想知道的關於怎樣對待練功和性生活的問題，講一點兒個人的認識。

　　中華傳統醫學認為，夫妻間的性事活動是一種自然的、健康的行為，是人類的生理本能。古人曰：「夫食色，性也。故飲食男女，人之大欲存焉。」「古法以男子三十而娶，女子二十而嫁。」說明古人對人類的兩性關係以及性生活是很重視的。男婚女嫁是人倫大事，自古以來就被認為是純潔的、自然的、高尚的。並且，人類沒有兩性生活，就不能繁衍後代，不能傳種接代，人類社會也就不能延續。不僅如此，古人還認為，如果兩性不交，日久將會導致各種疾病。

　　清代醫學家徐靈胎認為：「強制之，則反有害。蓋精因火動而離其位，則必有頭昏目赤，身癢腰疼，遺泄偏墜等症，甚至或發癰疽，此強制之害也。」古人還說：「人不可都絕陰陽，陰陽不交，則坐致壅淤之病，故幽閉怨曠，多病而不壽。」

　　唐代藥王孫思邈說：「男不可無女，女不可無男。無女則意動，意動則神勞，神勞則損壽。若念真正無可思

者，則大佳長生也，然而萬無一有，強抑鬱閉之，難持易失，使人漏精尿濁，以至鬼交之病，損一而當百也。」因此，良好的兩性生活是人類包括練功者必不可少的。性慾也是每一個健康人的正常的生理要求，如何正確對待和處理好性的問題，是影響著人身心健康的重要問題。

　　但是，為什麼現在練功的人一談到兩性的問題就打住，或者用隱晦的語言來說呢？一個很重要的原因就是思想沒有解放，被封建禮教束縛的理念沒有放開，所以頭腦中還有一些顧慮。還有的人片面地認為，「克制性慾可以健身」。

　　其實，人類的性生活是純潔的、高尚的、神聖的，是必不可少的，是合乎人類的自然本性的。現代醫學證明，過分地克制性慾，並不利於人的身心健康。古話說：「陰陽和而後雨澤潤。」這是醫家對人類兩性關係的正確認識，而練功家也認為：「無男無女功難成。」因此，我們在練功的同時，一定要正確地對待性生活和練功的關係。要懂得和諧的兩性生活，不但能夠促進人的陰陽和順、精神愉快，也可以使人身體健康。

　　養生與性衛生有著密切的關係。古人認為：男女相成，猶天地相生也，天地得交會之道，故無終竟之限，人失交接之道，故有夭折之漸。為此，他們還總結出了關於兩性關係的指導書籍《素女經》。

　　《素女經》告訴我們，男女雙方由健康的兩性生活，可以達到養生延壽的目的：「交接之道，固有形狀，男以治氣，女以除病，心意娛樂，氣力益壯。」

　　現代醫學認為：性交時能刺激卵巢及腎上腺釋放更多

的激素，有助於防止婦女乳腺癌的發生；良好的性生活還可以使全身氣血通暢，五臟六腑均受到補益。因此，凡健康的成年人，都必須有正常的性生活，以達到養生的目的。人如果長期禁慾會使精神憂鬱，影響新陳代謝，以致不能起到彼此補益自助的作用，甚至還會引起疾病，損傷壽命。

練習心意太極拳的人，一定要知道，健康的性生活，可以收到固護精液、協調神氣、通暢經脈、強健肌肉、充實骨骼、靈活關節等保健效果。因此，大可不必擔心在練功中過夫妻性生活會影響自己的功夫。

此外，人在練功動氣時，有一種周身舒適、溫熱愉悅的感覺，有時會因此產生性的衝動，或者說有性要求，這是一種正常現象，也是練功者的正常反應。在此期間，適當地過一點兒性生活也是可以的。

但是，對於性生活我們要掌握一個度。稍微一不控制，就會將練的功消耗掉。這就是我們所說的人要有正當的兩性生活，但不能縱慾。養生之道，忌乎縱慾。古人曾說：「房中事能生人，亦能殺人。譬如水火，知用之者，可以養生；不能用之者，立可致死。」對於善於養生的人，要知道治心的道理，心之所慾，多所難制，人之處心，常能無慾無求，常清常靜，則情慾自淡而真性自觀。因此，我們在練功修養時，一定要注意戒慾養心。

彭祖活到 800 多歲，可謂歷史上長壽之最。他曾說：「上士別床，中士異被，服藥百裹，不如獨臥。」（《養性延命錄・御女損益篇》）傳說中的這話很有道理，不但講了服食修練，還講了「房中術」的問題。這也是我們現

代人應該注意的。

　　練功的人，除了要戒慾以外，還要注意「莫久行、久立、久坐、久臥、久視、久聽。久視傷血，久臥傷氣，久立傷骨，久坐傷肉，久行傷筋」，並且注意不要強食、強酒、強舉重物，莫憂思、莫大怒、莫悲傷、莫大懼等七情，「凡憤怒悲思恐懼，皆傷元氣」。俗話說：「莫貪美色，莫貪美酒。」因為色動人心，而酒是色之媒，色是禍之根。因此，我要真誠地告誡大家：修練是好事，但一定要知道道德，做一個中正的練功家，把自己的身體修練好，為人類多作貢獻。

附錄二

心意太極拳的練氣

　　我在《靈勁上身天地翻》的文章中曾經談到，人體的最高勁力是靈勁，而這種靈勁是由於練功者身體中的靈氣效應所產生的。我們不論練什麼樣的武術，由於意守丹田，凝思冥想都專注在丹田部位，因此，身心處在一種極靜的狀態和境界，甚至連自己的身體姿勢和呼吸也不覺得了，外界不靜也靜，世界處在萬籟俱寂之中，如痴如醉，人整個進入了萬念俱無、一靈獨有的狀態，此時靈氣就會出現。

　　有的人把此種靈氣叫做「內氣」，還有的說是信息、磁信號、低頻磁信號、微粒子信號、遠紅外信號等等，雖然稱謂不一樣，但實質是一回事。

　　心意拳是講究實戰的拳術，其練功要求有「三不練」，即大飢不練、大飽不練、精神不愉快不練。心意太極功法也主張在大飢餓狀態下不練功，但進食又不能太飽，而是始終在一種微飢餓狀態下練功，即俗話所說：「每餐常帶三分飢。」

　　這是因為人在飢餓的時候，對食物的特殊動力作用消除了，特別是胃部空虛了，就會加強呼吸，用呼吸節律來協調身體的基礎代謝，生命的動力更強大。飢餓還可以餓死那些體內脆弱的細胞，剩下的細胞經過飢餓的考驗，會

更堅強，耐力和精力會更強大，這時修練所產生的功力才會更神奇，也就是我所說的更「靈」。

人為萬物之靈，所以，人體修練的靈氣更有威力，這就是「靈勁」或者說是「靈力」。

中醫認為：陽之精氣曰神，陰之精氣曰靈。又曰：「生而神靈。」意思是說，人生命裡內（陰）在的生理機能（靈氣）和外（陽）在的精神活動（神）都離不開精與氣，神靈是人體外的表現和內在的功能，故曰：「神之應，靈則現。」

心意太極拳主張「修性以保神，練氣以養身」，這就是安身立命、修身養性、靈氣自現的理論。

人的身體外有筋骨皮，內有五臟六腑，因此，凡經絡所到之處，均有氣的存在。氣要由運化才能補養身體。氣的升降和出入，上下內外無處不到，人的生命活動全賴此靈氣的運轉。氣充就會身體健康，氣衰就會身體虛弱；氣平則身安，氣逆就生病。

氣運化成靈氣是生命的原動力。無論是血液的運行、精氣的輸送、津液的吞吐、食物的消化、營養的吸收、糟粕及身體內毒物的排泄，還是筋骨的濡潤、皮膚毛髮的養護及臟腑的調和，均靠氣的運化，因此，今天我們特別對學練心意太極拳的人強調人體氣化作用的重要性。心意太極拳的修練是一種「練精化氣、練氣化神、練神還虛、練虛入道」的靈化過程。

所謂練精化氣，就是要關閉在下的精不排泄，使精氣化，這就是元氣。所謂練氣化神，就是要關閉在上的神氣不外馳，就是有神。練功中用精氣以奉上，上面有安詳的

神居住，從而可以練神還虛，練虛入道。在練功過程中，陰氣降於任脈經過上鵲橋，陰精化為陽氣上升經過下鵲橋（會陰），這兩步過程就是上應天象、下應海潮、化氣升騰的自然現象。

人類生來就有的氣為元氣，也就是先天的靈氣；通過鼻孔吸到肺的氣是後天之氣。後天之氣與脾胃進行運化，合成的氣為穀氣。後天的穀氣可以補充先天之氣的不足，也就是說先天之元氣有賴後天之氣的補充，才能對人體起到營養作用。

人體不斷吸進後天之氣，由脾胃存於膻中，再由膈膜進行壓縮，下到下丹田，和先天之氣進行混合，成為一種渾圓氣。這種渾圓氣又推動腎間的腎氣，使氣精互化，這就是練精化氣；氣又隨呼吸而升降，轉化成神；然後再養練，神轉換成虛靈。這樣，一呼一吸，一上一下，一出一入，一鼓一蕩，相互配合，清氣經肺吸收，由腎接納，濁氣由肺排出，形成人的氣體交換，這就是人體的氣體運化過程。

心意太極拳經由功法的鍛鍊，能夠達到氣沉丹田，丹田真氣充盈，疏通經絡，升氣開機，全身的筋脈、骨骼、肌肉、皮膚得到鍛鍊的目的，從而激發身體內部的潛能，使身體逐步強健、精神旺相、增聰益智，最終做到健康長壽。

後　記

最初，我對武術只是一種朦朧的認識。由於自小個性強，想當然地把武術當做改變命運的主要手段，所以拼命地追求。

剛開始，我跟當地農民丁懷堂老師學拳。在我們當地，四鄉八鄰的人都知道他的功夫厲害。我到他家說明來意以後，他問我：「你想學什麼拳？」

當時我只知道太極拳，就說：「我想學太極拳！」丁懷堂老師聽了很高興，他說：「學習太極拳，十五年一小成，二十年一大成。只要肯堅持，將來一定會成功的。」

可是，我認為這需要很長的時間，不願學。

後來他將我介紹給嘉山太平新工農場的褚衍玉老師。丁老師告訴我：「褚老師是一流的武術老師。」並且說：「投師如投胎，拜了好老師才能學到真功夫。」

於是，我在丁老師的介紹下到嘉山去拜師。到了褚師父家，師父問我：「你要學什麼拳？」

我說：「學太極拳！」

師父全身上下打量了我一下，沉默了一會兒，對我說：「你現在年紀輕輕的，將來萬法都要歸心意！」

「心意」，這個詞對我很陌生。我想這就是師父在指點我吧！於是，我馬上對師父說：「好！我就跟師父學心

意。」真是明師一點，一輩子受用不完。我就認真地跟褚師父學習心意拳，一點兒沒走彎路。

練拳的年輕人愛出風頭，難免有兩人動手的時候。後來社會上出現一個很奇怪的現象，很多人都是被練心意拳的人打了，這種拳術的實戰性能就充分地體現出來了。

冬天，師父來蚌埠，看到、聽到「武鬥」的情況，對我的師叔、師伯們說：「這不是好事，各位師兄弟一律不能教孩子打架了，將來哪個徒弟打架，哪個老師要倒霉。」

於是，心意拳也就收了。後來果然驗證了師父的卓識遠見，「文革」期間武術遭到劫難。蚌埠地區，不管哪一門，哪一種拳種，很多練拳的老師都進了「學習班」。

一天，當時「群專」的人員找到我，來調查問我：「你也練拳嗎？」

我說：「是的。」

他們問：「你練什麼拳？跟哪個練的？」

我說：「我練的是心意太極拳！跟嘉山的褚老師。」

他們一聽我說練「太極拳」三個字，就沒有再問，忙說：「沒事！沒事！」走了。

我知道毛主席有個最高指示：凡能做到的，都要提倡，做體操，打球類，跑跑步，爬山，游水，打太極拳。正是因為有這個「最高指示」，因此，我說我練的是心意太極拳術才不犯禁，於是，我終免其難，沒有進「學習班」。

經過這事，使我學會聰明，以後每天在練拳時我就把心意拳當做太級拳來練。天長日久，我對心意拳、太極拳

有了很深的體悟，兩種拳術放在一齊練，效果很好。別人再問我練的什麼拳，我就理直氣壯地說：「心意太極拳。」

練了心意太極拳，我的身體逐漸好了。身體好了，出差到哪裡我都能適應，沒有吃不消的感覺。於是，我對心意太極拳更痴迷了，從此拳不離手，天天堅持練習。

退休以後，我將主要精力都放在研究、體悟心意太極拳上，並開始將它對外進行傳播，凡是學練這趟心意太極拳的人都說好。

在這本書即將出版之際，我浮想聯翩。首先應該感謝丁懷堂老師，是他將我領進褚師父的家門；更感謝褚衍玉老師，是他將我領進真正的武術殿堂。感謝作家、詩人苗子老師，是他幫助我走上文學之路；感謝作家、詩人、儒醫李鳳山老師，是他幫助我進了作家的隊伍。苗老師是原市委宣傳部副部長、文化局局長，李老師是市政協文史辦主任、市作家協會主席，他們在百忙之中專門為本書寫了題詞。還有，在我挖掘撰寫中華傳統武術文化的過程中，也有不理解的人，認為我把祖先的東西無私奉獻了，是泄漏了祖傳「秘密」。可是，我認為，中華武術文化是民族的瑰寶，是人類應該共享的財富，任何人都不能把它據為己有，應該把它弘揚出來，才能對得起我們的祖先。因此，在這部書稿的寫作過程中，我的師兄弟和很多好朋友都給予了鼓勵和幫助，他們為本書做了辛苦的工作。在這裡一併表示感謝！

為了紀念我的老師和幫助過我的朋友，特在這裡說明一下，就算做是後記吧！

導引養生功

1 疏筋壯骨功＋VCD
定價350元

2 導引保健功＋VCD
定價350元

3 頤身九段錦＋VCD
定價350元

4 九九還童功＋VCD
定價350元

5 舒心平血功＋VCD
定價350元

6 益氣養肺功＋VCD
定價350元

7 養生太極扇＋VCD
定價350元

8 養生太極棒＋VCD
定價350元

9 導引養生形體詩韻＋VCD
定價350元

10 四十九式經絡動功＋VCD
定價350元

張廣德養生著作　每冊定價350元

全系列為彩色圖解附教學光碟

輕鬆學武術

1 二十四式太極拳＋VCD
定價250元

2 四十二式太極拳＋VCD
定價250元

3 八式十六式太極拳＋VCD
定價250元

4 三十二式太極劍＋VCD
定價250元

5 四十二式太極劍＋VCD
定價250元

6 二十八式木蘭拳＋VCD
定價250元

7 三十八式木蘭扇＋VCD
定價250元

8 四十八式太極劍＋VCD
定價250元

彩色圖解太極武術

1 太極功夫扇

定價220元

2 武當太極劍

定價220元

3 楊式太極劍56式

定價220元

4 楊式太極刀

定價220元

5 二十四式太極拳＋VCD

定價350元

6 三十二式太極劍＋VCD

定價350元

7 四十二式太極劍＋VCD

定價350元

8 四十二式太極拳＋VCD

定價350元

9 楊式十六式太極劍拳

定價350元

10 楊氏二十八式太極拳＋VCD

定價350元

11 楊式太極拳四十式＋VCD

定價350元

12 陳式太極拳五十六式＋VCD

定價350元

13 吳式太極拳五十六式＋VCD

定價350元

14 精簡陳式太極拳八式十六式

定價220元

15 精簡吳式太極拳三十六式 拳架・推手

定價220元

16 夕陽美功夫扇

定價220元

17 綜合四十八式太極拳＋VCD

定價350元

18 三十二式太極拳 四段

定價220元

19 楊式三十七式太極拳＋VCD

定價350元

20 楊氏五十一式太極劍＋VCD

定價350元

21 嫡傳楊家太極拳精練二十八式

定價220元

22 嫡傳楊家太極劍五十一式

定價220元

國家圖書館出版品預行編目資料

心意太極拳 / 馬琳璋　馬天巧　著
　　──初版，──臺北市，大展，2008〔民 97 . 07〕
　　　面；21 公分 ──（武術特輯；98）
　　ISBN　978－957－468－622－3（平裝）

1. 太極拳

528 . 972　　　　　　　　　　　　　　97008544

心意太極拳

ISBN 978－957－468－622－3

著　　　者/馬琳璋　馬天巧
責任編輯/謝建平
發 行 人/蔡森明
出 版 者/大展出版社有限公司
社　　　址/台北市北投區（石牌）致遠一路 2 段 12 巷 1 號
電　　　話/（02）28236031・28236033・28233123
傳　　　眞/（02）28272069
郵政劃撥/01669551
網　　　址/www.dah-jaan.com.tw
E - mail／service@dah-jaan.com.tw
登 記 證/局版臺業字第 2171 號
承 印 者/傳興印刷有限公司
裝　　　訂/建鑫裝訂有限公司
排 版 者/弘益電腦排版有限公司
授 權 者/北京人民體育出版社
初版 1 刷/2008 年（民 97 年）7 月

定　價/ 220 元

●本書若有破損、缺頁敬請寄回本社更換●

大展好書　好書大展
品嘗好書　冠群可期

大展好書　好書大展
品嘗好書　冠群可期